W0224843

Dominique Fernandez, romancier et essayiste, a obtenu le prix Médicis pour *Porporino ou les mystères de Naples* (Grasset, 1974), et le prix Goncourt pour *Dans la main de l'ange* (Grasset, 1982). Il a toujours été un «promeneur amoureux», grand voyageur et fasciné par les villes. Il a publié un *Amsterdam*, un *Séville*, un *Budapest*, un *Prague*, un *Palerme* et un *Saint-Pétersbourg*. Son intérêt pour la culture russe lui a inspiré un *Eisenstein*. Fervent d'Italie, il a rencontré à Saint-Pétersbourg, bâtie surtout par des Italiens qui ont su adapter à l'immensité de l'espace russe les modèles architecturaux de Rome, une synthèse inespérée de la slavitude et du classicisme méditerranéen.

Tous droits de traduction et d'adaptation réservés pour tous pays
© Gallimard 1994
1er dépôt légal : avril 1994
Dépôt légal : juin 2003
Numéro d'édition : 125322
ISBN : 2-07-042848-6
Imprimé en France par Kapp Lahure

LA MAGIE BLANCHE DE SAINT-PÉTERSBOURG

Dominique Fernandez

DÉCOUVERTES GALLIMARD
CULTURE ET SOCIÉTÉ

Aucune grande ville au monde ne présente une telle unité de style. Noto, en Sicile, surgie du néant après le tremblement de terre de 1693, est restée une bourgade. Brasilia aussi a été bâtie à partir de rien, mais avec un vilain matériau, le béton. Seule de ces villes nées de la volonté d'un homme, Saint-Pétersbourg est à la fois immense et admirable, reflétant avec éclat la pensée constructrice d'un génie.

CHAPITRE PREMIER

LA VILLE DE PIERRE

La statue de cire de Pierre Ier laisse à peine deviner la stature herculéenne du tsar : un colosse de deux mètres, véritablement le Grand, par le corps comme par l'esprit, intempérant mais infatigable, buvant comme quatre mais travaillant comme dix, avalant d'énormes repas mais aussi tout le savoir encyclopédique de son temps.

Une fenêtre sur l'Europe

Le centre politique de la Russie était Moscou, lorsque Pierre le Grand, qui détestait cette ville où il avait subi, enfant, les outrages de la cour, décida en 1703 de fonder une nouvelle capitale. Saint-Pétersbourg est née comme une anti-Moscou, au grand scandale de beaucoup de Russes. Quatre griefs au moins. C'était une ville neuve, sans passé, une ville périphérique, à la frontière de l'empire, une ville plate, sans acropole comme le Kremlin de Moscou ou la Lavra de Kiev, enfin une ville qui, par la consonance même de son nom, n'était pas une émanation de la slavitude. Aucun de ces bulbes coloriés qui signalent les églises orthodoxes – mise à part la tardive église expiatoire de la Résurrection-du-Christ, copie de Saint-Basile à Moscou, édifiée à la fin du XIXe siècle à l'endroit où le tsar Alexandre II avait été mortellement blessé par des bombes nihilistes. Eglise qui jure dans le paysage néo-classique de Saint-Pétersbourg, rappel malheureux des formes byzantines au milieu d'une ville que son fondateur avait pensée comme une répudiation de l'Orient.

«Une fenêtre sur l'Europe», c'est ainsi que la définit, en 1739, le voyageur et écrivain italien Francesco Algarotti. Pierre le Grand voulut changer l'orientation séculaire de la Russie, contre les souhaits de son peuple même, attaché à la tradition. Véritable coup d'Etat, qui répondait à un triple programme. D'abord disposer d'un port en mer libre, libre la moitié de l'année, ce qui

Le tsar Alexis Ier avait eu de sa première femme deux fils chétifs et une fille : Sophie (à gauche, par Ilia Répine, peintre d'histoire du XIXe siècle). Il se remaria et eut un troisième fils, le futur Pierre le Grand. Ambitieuse, ayant l'étoffe politique, Sophie tenta d'écarter son demi-frère en s'appuyant sur les *streltzy*, milice grossière et toute-puissante. Elle obtint la régence de l'Empire en 1682, essaya de faire assassiner Pierre, lequel réussit à rallier à lui les *streltzy* et à renverser la situation. Sophie fut contrainte de se retirer dans un couvent. C'était le premier acte d'autorité de Pierre. Il rentra victorieux à Moscou, le 6 octobre 1689. Dix-sept ans et quatre mois, tel était l'âge du nouveau maître de la Russie quand il s'empara du pouvoir.

L'Eglise russe, avec ses trésors et ses privilèges, formait un Etat dans l'Etat. Attachée à Moscou, à l'architecture orthodoxe, aux bulbes de la tradition, elle fut d'emblée hostile aux réformes de Pierre. Celui-ci dut batailler pour la mettre au pas. Il commença par refuser de conduire par la bride, le jour des Rameaux, l'âne que montait le patriarche. Rompant avec ces coutumes humiliantes, il confia la direction des monastères à un bureau présidé par un laïque et, à la mort du chef de l'Eglise, remplaça le patriarche par un simple «gardien temporaire du Saint Trône patriarcal». Par haine des barbes, ne pouvant couper celles des popes, il obligea ses sujets à se raser.

n'était pas le cas d'Arkhangelsk, sur l'Océan Glacial. Ensuite garder militairement la route des invasions suédoises. Enfin établir vers l'Europe une tête de pont qui favoriserait les échanges de diplomates, d'ingénieurs, d'architectes, de techniciens.

A ces raisons s'ajoute le désir de Pierre le Grand de supplanter Moscou, qui était construite en bois, par une ville construite en pierre. Pour attirer les maîtres maçons qui manquaient, l'empereur interdit par décret d'employer la pierre dans le reste de ses Etats ; et pour se procurer les énormes quantités de matériau nécessaires, il obligea tout navire ou charrette qui entrerait dans la nouvelle ville à apporter un certain chargement de pierres.

Les bateaux furent la passion constante de Pierre. A quinze ans, il avait déjà une barque. Tsar, il fit bâtir une flotte. Il manœuvrait lui-même le navire amiral, pavoisé de ses deux étendards (ci-dessous).

Une ville tragique

Claire, de couleurs vives, avec son plan rationnel et ses avenues rectilignes, Saint-Pétersbourg ne laisse guère deviner la contradiction initiale qui menaça le dessein grandiose du tsar. Il avait choisi le lieu le plus impropre à la construction d'édifices : une sorte de marécage à l'embouchure de la Néva, des îlots souvent recouverts par les crues, des rives instables qu'il fallut plus tard endiguer entre des quais de granit. Les conditions de travail furent terribles. La chiourme de prisonniers suédois et de forçats dut s'immerger dans l'eau glacée pour enfoncer les pilotis. Dysenterie et maladies pulmonaires décimèrent ces esclaves. Un oukase de 1710 enjoignit aux gouvernements de l'intérieur d'envoyer quarante mille hommes avec leur équipement. On évalue de cent à cent cinquante mille le nombre des victimes dévorées par la cité homicide. Autre difficulté pour Pierre

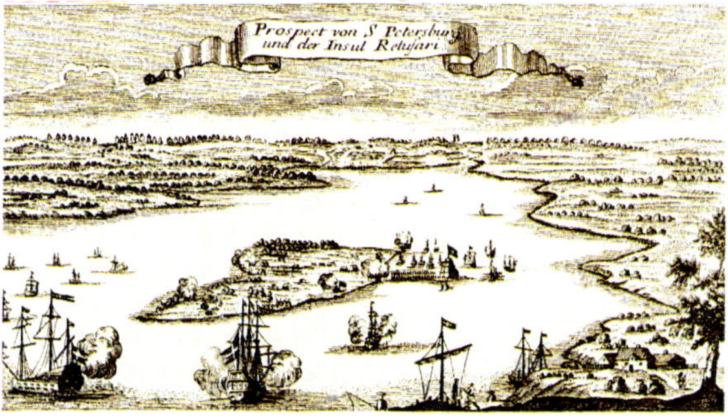

Saint-Pétersbourg, à l'origine, n'était qu'un marécage traversé par les bras de la Néva. Il fallut remblayer, consolider, étayer, tâche d'autant plus malaisée que le seul matériau dont on disposait était le bois. Pierre surveillait en personne les travaux. Il parcourait les chantiers en maniant son gourdin sur le dos des paresseux, et souvent s'emparait de la hache ou empoignait le rabot pour enseigner aux maladroits comment il fallait s'y prendre.

le Grand : la mauvaise volonté de ses sujets, qui ne tenaient nullement à quitter Moscou pour aller s'installer dans une ville aussi incertaine. Il dut recourir à des mesures de contrainte, prescrire aux dignitaires de se faire construire une demeure dans la nouvelle capitale. Non pas à la guise de chacun, mais selon les ordres précis du tsar. Dimensions, plan, matériaux, tout était réglementé, et d'abord la hauteur des maisons, dispositions qui assurent

à la ville son unité incomparable mais expliquent aussi comment Saint-Pétersbourg n'a jamais été acceptée sans de fortes réserves par l'ensemble du peuple et des intellectuels russes. Sujet de méfiance

et de controverses perpétuel, la ville demeure à jamais marquée par son origine arbitraire et ses débuts tragiques.

«Le Cavalier de bronze»

Le monument qui reflète le mieux ces contradictions et introduit le plus directement à l'intelligence des mystères pétersbourgeois est la superbe statue équestre de Pierre le Grand au bord de la Néva. Catherine II, voulant honorer son grand prédécesseur, et ne disposant pas de sculpteurs en Russie, où le culte orthodoxe exclut les statues, dut se tourner vers l'étranger. Sur la recommandation de Diderot, elle choisit le Français Falconet. Celui-ci arriva en 1766 et imagina de représenter le Législateur débouchant au galop sur le faîte d'un rocher escarpé. Le tsar tient d'une main les rênes de son cheval cabré, et désigne de l'autre la forteresse Pierre-et-Paul, berceau de la

La citadelle en forme d'étoile – forteresse Pierre-et-Paul – avait été le noyau initial de Saint-Pétersbourg (ci-contre, le site en 1703). Pour faire construire sa flotte, le tsar avait installé sur la rive gauche les chantiers navals. Les canons de la forteresse se trouvant en amont, ils ne pouvaient protéger ces chantiers, qui durent être mis à l'abri d'une incursion des Suédois, l'ennemi héréditaire des Russes, par un système de fossés et de remparts. La victoire de Poltava, en 1709, lui ayant donné la maîtrise de la Baltique, le tsar put se consacrer à sa capitale. Il prit Amsterdam pour premier modèle et choisit pour construire sa ville l'île Basile (Vassilievski Ostrov). En 1717, le Français Alexandre Leblond, qui passait pour avoir reçu des lèçons de Le Nôtre, l'impeccable géomètre des jardins de Louis XIV, proposa un damier de canaux rectilignes pour permettre aux navires, comme à Amsterdam, d'accoster devant les maisons. On reconnaît aussi dans son plan (à droite), partiellement suivi puis abandonné, la volonté utopique de créer une cité idéale, avec des places monumentales qui rappellent, comme des citations, les places royales de Paris.

capitale. La peau d'ours sur laquelle il est assis symbolise la nation qu'il a civilisée. Le serpent enlacé à la queue du cheval, l'envie dressée contre l'œuvre réformatrice de l'empereur. On a beaucoup discuté sur l'opportunité de ce reptile, nécessaire comme point d'appui pour la stabilité de l'énorme masse de bronze. Le bloc de granit géant qui lui sert de piédestal fut trouvé dans un village par un paysan, transporté sur des rouleaux et hissé sur le quai de la Néva après plusieurs mois d'efforts.

Cependant, que la figure imposante du tsar, la majesté de son geste et la fierté de sa monture ne nous trompent pas. Il y a quelque chose de maléfique dans ce groupe de bronze, quelque chose qui exprime bien la duplicité de Pierre le Grand et les dangers qui guettent les habitants de la ville qu'il a fondée. Les intellectuels et écrivains russes ont pris prétexte de cette statue pour

Trezzini, l'architecte italien arrivé dès 1703 à Saint-Pétersbourg, bâtit les premiers monuments de la capitale dans le style hollandais, régulier, simple et sévère qui plaisait à Pierre, il dessina aussi les différents modèles de maisons (au centre). La hauteur des édifices avait été fixée par le tsar lui-même, aussi pointilleux en matière d'urbanisme que dans les autres domaines.

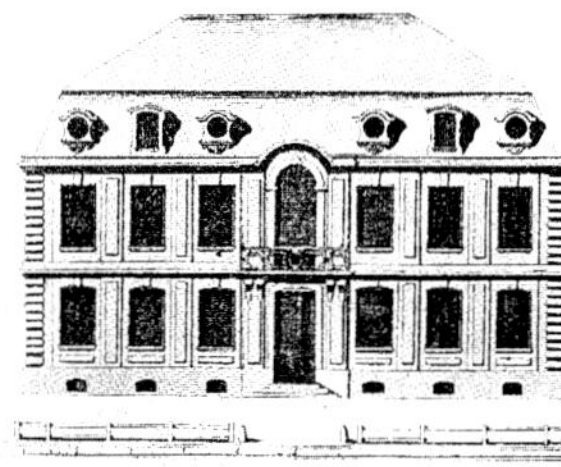

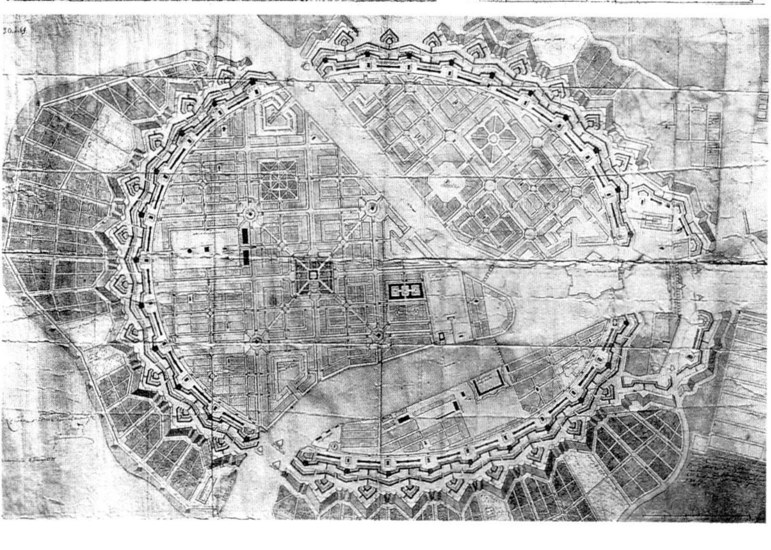

Pour servir de socle à la statue de Pierre par Falconet (ci-dessous), Catherine II fit venir de Finlande un monolithe colossal de trois millions de livres, soit trois fois le poids du plus grand des obélisques apportés à Rome. Il fallut un attelage de cent chevaux, une route construite spécialement, un système de roulement à billes sur des poutres creusées en gouttières et un an de voyage.

exprimer leurs perplexités au sujet de Saint-Pétersbourg. Pouchkine, le premier, exploita ce thème, dans un poème intitulé *Le Cavalier de bronze*. On y voit Eugène, un petit employé, dont la fiancée a été emportée par une crue de la Néva, lancer des imprécations contre le cavalier qu'il rend responsable du désastre ; et le souverain, alors, descendre de son rocher de granit et poursuivre dans les rues désertes l'impie devenu fou.

La statue de Falconet et les vers de Pouchkine n'ont cessé d'alimenter les sentiments ambivalents des Russes pour la nouvelle capitale. L'historien Karamzine, disciple des encyclopédistes français et de Montesquieu, reprochait à Pierre le Grand d'avoir violenté les habitudes du peuple et méprisé ses traditions. La nature elle-même s'est vengée plusieurs fois de l'arbitraire impérial par ses inondations dévastatrices. Le romancier du XXe siècle André Biely a repris dans son chef-d'œuvre, *Pétersbourg* (1913), le motif du *Cavalier de bronze* qui descend de son

socle et ôte la raison à ceux qu'il poursuit de son galop nocturne. Si vivante est la statue, si forte l'angoisse qu'elle dégage, qu'il y a dans l'image de ses chevauchées fantastiques bien plus qu'un procédé littéraire.

Comment Leningrad a sauvé Saint-Pétersbourg

Beaucoup de fous, ou de candidats à la démence, parmi les héros romanesques inspirés par cette ville : Eugène, le Fou de Gogol, Raskolnikov, l'Idiot, Nicolas Abléoukhov. La beauté, la régularité, l'harmonie apparentes de Saint-Pétersbourg cachent un monde de cauchemars et de névroses. Ensorcelante dans les deux sens du mot, à la fois séduisante et trompeuse, charmeuse et maudite, la ville favorise autant le crime que l'extase.

En bon slavophile, Gogol la détestait. «Moscou est nécessaire à la Russie, tandis que la Russie est nécessaire à Saint-Pétersbourg.» Un autre slavophile, convaincu que le destin de la Russie était à l'est, non à l'ouest, Ivan Aksakov, proclamait en 1860 : «La première condition pour ranimer en nous le sentiment national, c'est de détester Pétersbourg de toutes nos forces, de toute notre âme et de lui cracher dessus.» Lénine et Staline, jaloux du prestige intellectuel de Saint-Pétersbourg et méfiants de son tropisme occidental, n'étaient pas d'un autre avis. Et tant mieux. La capitale fut retransportée à Moscou en 1918, et Saint-Pétersbourg, Leningrad depuis 1924, abandonnée à un demi-sommeil provincial. Ainsi lui furent épargnées les hideuses montagnes de béton qui déshonorent la métropole soviétique. Saint-Pétersbourg peut être aujourd'hui décrépite, humiliée par le temps et l'incurie, elle conserve intact le visage que lui a modelé son créateur, elle n'a jamais été défigurée.

“Il a semblé au pauvre fou / Que la figure souveraine / Brillante d'un soudain courroux / Vers lui lentement s'est tournée… / Sur la place déserte, il fuit ; / Mais il entend, derrière lui, / – Fracas de foudre déchaînée – / Sur le pavé qui en frémit, / Puissante, pesante, écrasante, / Une galopade effrayante. / C'est, à l'indécise clarté / De la lune, le Cavalier / De bronze qui le prend en chasse. / Le pauvre fou veut s'échapper, / Court, mais partout le Cavalier / De bronze lance sur sa trace / Son galop lourd et martelé.”

Pouchkine
Le Cavalier de bronze, 1833 (trad. J.-L. Backès)

Et la voilà aujourd'hui ressuscitée dans son premier nom, ce qui est injuste pour les martyrs du siège, le million de victimes du froid et de la faim, l'héroïsme des défenseurs de Leningrad, qui résistèrent pendant neuf cents jours à l'étau de l'armée allemande et sauvèrent de l'occupation et de la prédation hitlérienne le legs fabuleux des tsars.

La forteresse Pierre-et-Paul

Le 16 mai 1703 selon le calendrier russe, le 29 selon le nôtre, Pierre Ier était en train d'explorer l'île des Lièvres, quand il s'empara de la baïonnette d'un de ses soldats, tailla deux mottes de terre et les mit en croix. «La ville sera là!», s'exclama-t-il. Au moment où il commençait à creuser le premier fossé, un aigle apparut dans le ciel et se mit à planer sur la tête du tsar. Des modestes quadrupèdes de la lagune sauvage au rapace impérial, ce bestiaire symbolique montre toute l'importance que la légende attache à l'acte fondateur. Il ne s'agit que d'une légende, l'empereur se trouvant ce jour-là sur le lac Ladoga, pour surveiller la construction de sa flotte.

La forteresse Pierre-et-Paul fut donc le premier noyau, et resta pendant dix ans la seule partie construite de Saint-Pétersbourg. Hésitations et tâtonnements présidèrent au développement de la ville. Ce n'est qu'en 1712, trois ans après la victoire décisive de Poltava sur les Suédois, que Pierre le Grand décida de compléter la forteresse initiale par une vraie cité, qui fut alors proclamée capitale.

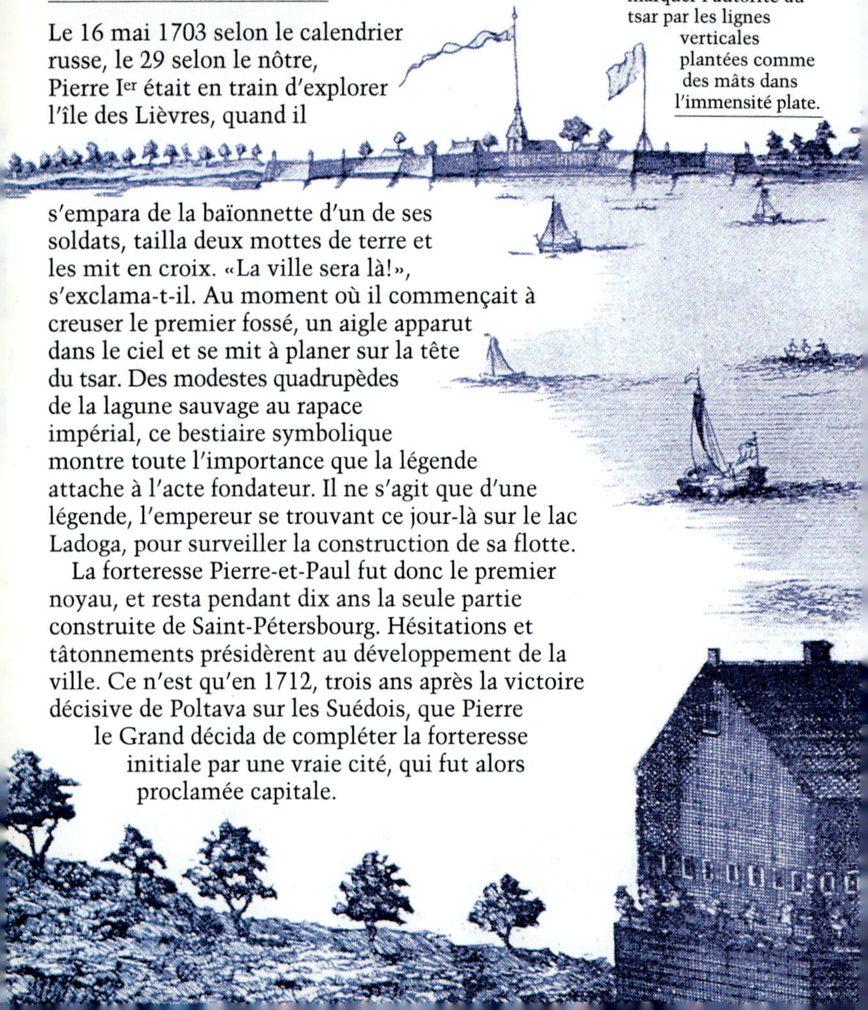

Très peu d'édifices, encore, sur cette vue du quai de la Néva en 1704. Plus d'eau et d'arbres que de pierre. La nature sauvage et menaçante. Mais, déjà, des flèches pour rompre la monotonie, créer un relief et marquer l'autorité du tsar par les lignes verticales plantées comme des mâts dans l'immensité plate.

Ayant visité Amsterdam en 1698 et féru de modèles hollandais, il choisit comme emplacement la rive droite et l'île Basile (Vassilievski Ostrov), où il fit percer des canaux rectilignes, construire son palais et celui de son favori Menchikov.

Les inconvénients d'une telle position incitèrent ses successeurs à changer de rive. Faute d'un pont fixe sur la Néva, fleuve aussi large qu'un bras de mer, les communications avec le reste de la Russie ne pouvaient être que précaires, surtout pendant l'embâcle et la débâcle. Aussi le centre de la ville fut-il transporté en face, sur la terre ferme. Comme c'était l'époque où l'influence française supplantait l'influence hollandaise, la ville non seulement perdit son caractère insulaire, mais se développa sur le modèle de Versailles. Trois avenues, dont la fameuse perspective Nevski, rayonnent en éventail à partir de l'Amirauté. Cette disposition contraste avec le damier des canaux de l'île Basile. Pour le reste, style et hauteur des édifices, on respecta les volontés du tsar fondateur.

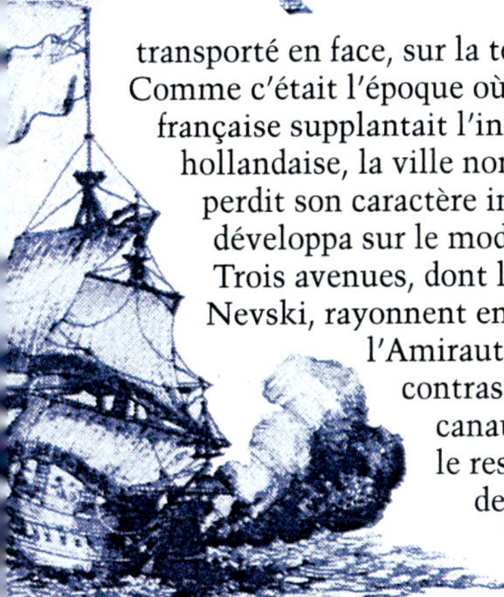

L'Amirauté (en bas, dans son premier état) est sur la rive gauche de la Néva. Les chantiers se composaient de simples hangars en bois, comme la première cabane de Pierre le Grand lui-même. C'est peu à peu seulement, quand on eut fait venir des matériaux plus solides, et des maçons plus experts que les bûcherons locaux, que ces constructions provisoires, dues à la hâte de Pierre le Grand, furent remplacées par des maisons en briques recouvertes de stucages ou peintes de couleurs vives.

Lesquelles se manifestent en plein dans les bâtiments de la forteresse, l'enceinte basse en briques roses, les logements militaires, et surtout l'église, qui n'est certes pas un chef-d'œuvre, avec sa façade trop étroite, son portail à douze colonnes toscanes et sa coupole chétive, mais dresse une flèche aiguë toute revêtue d'or à une hauteur vertigineuse. Visible de partout, comme le clocher de San Marco à Venise ou la tour Eiffel à Paris, elle est devenue l'emblème de la capitale. Inspirée de modèles danois et hollandais, triomphe de l'aiguille nordique sur la coupole byzantine, elle consomma la rupture de la nouvelle architecture pétersbourgeoise avec la tradition nationale.

Le mausolée des tsars

L'intérieur a été remanié après l'incendie de 1756 et baroquisé. La nef sert de panthéon pour les Romanov, dont les tombeaux reposent côte à côte, sarcophages d'une extrême simplicité, en marbre blanc sans ornements, l'Eglise orthodoxe proscrivant la sculpture funéraire comme un reste d'idolâtrie. Devant l'iconostase, au fond à droite, se trouvent les sépulcres de Pierre Ier et des impératrices qui lui ont succédé : Catherine Ire, Anna Ivanovna, Elisabeth, Catherine II.
La foule se presse dans l'église et déchiffre les inscriptions sur les tombeaux : Paul Ier, les trois Alexandre. Nicolas II, si l'on retrouve son corps, les rejoindra-t-il ?

L'église de la forteresse Pierre-et-Paul évoque plus un temple protestant qu'un sanctuaire orthodoxe. Le nom russe de *chpitz* pour désigner la flèche dérive de l'allemand *Spitze*. C'est dans les pays du Nord qu'il faut en chercher le prototype. Quoi qu'il en soit, ce galbe fin, élancé et doré s'est si bien acclimaté sur les rives de la Néva, qu'on peut dire qu'avec la flèche de Pierre-et-Paul un deuxième style russe est né, plus moderne mais non moins authentique que celui des coupoles et des bulbes. Dans cette bataille des Modernes contre les Anciens, de Saint-Pétersbourg contre Moscou, la forteresse de Pierre défie le Kremlin.

Gamin chétif, bigot quoique débauché, impropre aux exercices militaires, respectueux de la tradition, ennemi des réformes, n'aimant que Moscou, le fils de Pierre, Alexis, irritait fort le tsar, qui voulut le faire changer de sentiments. Terrorisé, le jeune homme s'enfuit en Allemagne. Les émissaires du tsar le retrouvèrent et lui promirent la grâce impériale. Il rentra en Russie, implora son pardon, ce qui ne l'empêcha pas d'être enfermé dans la forteresse Pierre-et-Paul. Amené à Peterhof (ci-contre), interrogé par son père, il reconnut ses erreurs. Un tribunal d'exception le condamna à mort, après d'abominables séances de torture en présence du tsar. Ce drame a inspiré le célèbre roman de Merejkowski, *L'Antéchrist, Pierre et Alexis.*

La forteresse a été convertie dès l'origine en prison politique. Alexis, le fils de Pierre le Grand, hostile aux idées réformatrices de son père, ne lui pardonnait pas d'avoir renié Moscou et choisi l'Occident. Pierre le somma de changer d'avis puis le déféra devant le tribunal du Sénat qui le condamna à mort. Le jeune homme trépassa dans un cachot de la forteresse avant l'exécution de la sentence. Sacrifice des sentiments paternels à la raison d'Etat : un beau sujet pour un Corneille, une autre des tragédies qui ont marqué la naissance de Saint-Pétersbourg.

Parmi les prisonniers ultérieurs : les Décabristes de 1825, Dostoïevski et les comploteurs de 1849, le frère aîné de

Lénine, qui n'échappa pas au supplice, Bakounine, Gorki. Le petit Nicolas de Stael, page à l'école impériale, fut élevé jusqu'à cinq ans dans la forteresse Pierre-et-Paul, dont son père fut le dernier gouverneur.

Domenico Trezzini

Premier des grands architectes italiens qui ont fait la gloire de Saint-Pétersbourg, Trezzini était né à Lugano. Après un séjour à Copenhague où il assimila les formes baroques tardives de l'Europe septentrionale, il s'établit en 1703 dans la nouvelle capitale russe et y resta jusqu'à sa mort, en 1734. C'est lui l'auteur de la forteresse, avec l'église et la flèche. Son style plus nordique qu'italien correspondait aux goûts de Pierre le Grand. Tout ce qu'il a construit porte l'empreinte du classicisme hollandais : simplicité, régularité, sévérité. Dans l'île Basile : les Douze Collèges, bâtiment tout en longueur fait de douze pavillons identiques, murs rouges et pilastres blancs, qui abritent aujourd'hui une partie de l'Université. Sur la rive gauche : le Palais d'été. Celui-ci, qui était pourtant une des résidences de Pierre le Grand, frappe par ses dimensions modestes. Les poêles en céramique, les carreaux et les assiettes de Delft semblent importés d'un intérieur bourgeois d'Amsterdam. A noter le gigantesque appareil de mesure fabriqué par Dinglinger à Dresde, où Pierre Ier pouvait lire, sur trois cadrans reliés à la girouette et enchâssés dans un somptueux cadre de bois orné de statues d'Eole et de *putti* marins, avec le monogramme PA (Pierre fils

Les Douze Collèges (à gauche), et le Palais d'été (ci-dessus), attestent les goûts du tsar pour la simplicité et le confort hollandais. Les Douze Collèges étaient destinés, comme les *Uffizi* de Florence, à abriter les ministères, quand on pensait faire de l'île Basile le centre administratif de la capitale.

d'Alexis), à la fois l'heure, la direction des vents, leur vitesse et leur force.

Dernière grande œuvre de Trezzini : la laure de Saint-Alexandre-Nevski, monastère conçu comme une citadelle entourée de murailles, de fossés, et renfermant plusieurs sanctuaires. L'architecte ne put mener à bout son projet. La cathédrale aurait été pourvue d'un clocher aussi haut que la flèche de la forteresse Pierre-et-Paul. Mais Trezzini ne s'avisa pas qu'en tournant la façade vers la Néva, c'est-à-dire vers l'est, il contrevenait aux règles du culte orthodoxe, selon lequel l'est est la place de l'autel. Le successeur de Trezzini dut fournir un nouveau plan.

Trezzini ne put terminer la laure de Saint-Alexandre-Nevski (ci-dessous), qui eût été un monastère aussi beau que ceux de Kiev ou de Moscou, et son chef-d'œuvre.

Allemands et Français

Tous les premiers architectes de Saint-Pétersbourg furent des étrangers. Les Russes ne savaient manier encore que la hache. On voit, non loin de la forteresse, la maisonnette en bois, simple isba de charpentier, qui servit de première demeure à Pierre le Grand et que Catherine II fit enrober dans une maçonnerie de pierre.

Parmi les Allemands appelés dans la nouvelle capitale, le plus important fut Gottfried Schädel. Il aménagea le splendide palais Menchikov, sur la rive droite, première construction en pierre de Saint-Pétersbourg, dessinée par l'Italien Fontana. L'intérieur du palais, restauré avec soin, donne une idée de l'ameublement d'origine, toujours dans le goût hollandais des poêles et des carreaux de céramique bleus.

Quant au Français Alexandre Leblond, on lui doit, outre le plan régulateur de la ville, la résidence de Peterhof au bord de la Baltique, malheureusement remaniée dans la suite. On dirait une caserne, malgré la position superbe et les jeux d'eau spectaculaires. Les différents pavillons ou cottages éparpillés dans le parc ont plus de charme que le château lui-même.

Le plan de 1720 est à comparer avec le projet de Leblond. La ville est un peu moins «idéale», on voit grossir la rive gauche et se tracer, à droite, la perspective Nevski.

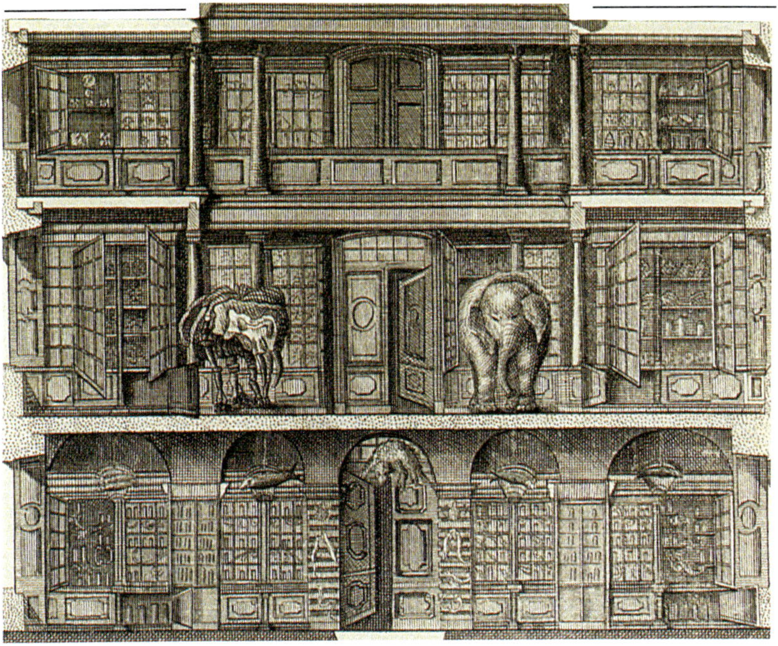

La Kunstkamera, «muséum de sciences naturelles» (ci-dessus), fut ouverte en 1719 sur les conseils de Leibniz.

nouvel intérêt pour la peinture. De retour dans sa capitale, il fit acheter en Italie des statues pour son Jardin d'été, déesses nues et Apollons de seconde main, qui peuplent les parterres dessinés par Leblond et paraissaient risibles au Vénitien Casanova. Honni par les uns pour avoir occidentalisé la Russie, adoré par les autres pour l'avoir arrachée au Moyen Age byzantin, il semble que Pierre le Grand ait retrouvé aujourd'hui toute sa gloire, après la période de slavophilie communiste.

Aristocratique, immense, froide, voici la plus belle place du monde, l'endroit qui donne la plus juste idée du génie avec lequel les architectes de Saint-Pétersbourg ont adopté pour leurs constructions l'échelle de la Néva et de la plaine environnante, traduisant dans la pierre l'ampleur de l'espace russe.

CHAPITRE II

LA PLACE DU PALAIS

Elisabeth Petrovna, fille de Pierre et de Catherine Ire, avait des goûts opposés à ceux de son père. Son règne fut marqué par les influences littéraire de la France et artistique de l'Italie. Voluptueuse, aimant le faste, c'est elle qui baroquisa sa capitale en faisant bâtir l'immense Palais d'hiver bleu et blanc.

Elisabeth Petrovna et Bartolomeo Rastrelli

La fille de Pierre le Grand régna de 1741 à 1762. Elle ne ressemblait pas à son père. Sensuelle, coquette, douillette, férue de bals et de toilettes qu'elle faisait venir de France, aimant à s'habiller en homme pour montrer sa jambe bien tournée, donnant des fêtes où elle obligeait les femmes à se travestir et les hommes à porter des robes à crinoline, comment aurait-elle pu s'accommoder du style hollandais ? On rêve à ce qui serait arrivé si le mariage avec Louis XV, souhaité par son père, avait eu lieu. Répudiant le décor bourgeois et protestant, elle s'entoura d'architectes et de décorateurs plus accordés à ses goûts voluptueux.

Le plus important, le plus digne d'une telle souveraine fut Bartolomeo Rastrelli. Né en 1700, il était arrivé à quinze ans à Saint-Pétersbourg, avec son père, le Florentin Carlo, sculpteur de Pierre Ier. Jusqu'en 1741, on n'est guère renseigné sur sa formation et sa carrière. Sans doute se familiarisa-t-il avec le baroque allemand et autrichien, car dans ses

ouvrages passe quelque écho lointain du Zwinger de Dresde, de l'Amalienburg de Munich ou des palais viennois de Fischer von Erlach. Mais s'il eut des maîtres en Europe centrale, il les surpassa tous par la hardiesse de ses conceptions, et surtout par son génie d'adapter le goût baroque italien à l'immensité du paysage pétersbourgeois.

L'ancien Palais d'hiver de Trezzini (à gauche) a été démoli pour faire place à l'édifice bâti en 1752 par Rastrelli (à droite). La splendeur baroque du nouveau palais, comparée à la bonhomie hollandaise de la première construction, illustre la révolution esthétique voulue par Elisabeth, qui fondera en 1758 l'Académie des Beaux-Arts.

Le Palais d'hiver

«Des murs d'azur dans une volée de colonnes blanches», disait lui-même Rastrelli. La première surprise est cette gaieté des couleurs : blanc des colonnes, des corniches, des linteaux, vert turquoise du fond. Vert, et non bleu : on a souvent repeint le

Bartolomeo Rastrelli (1700-1771) était né à Paris où son père, le sculpteur Carlo Rastrelli, Florentin, avait laissé quelques travaux, avant de se transférer en 1715 à la cour de Pierre le Grand. Plusieurs influences ont contribué à former le style de Bartolomeo : l'école française de Germain Boffrand et de Robert de Cotte, élèves de Mansart ; les grands architectes de l'Europe centrale, de Balthazar Neumann (Wurtzbourg) à Cuvilliès (Munich), de Pöppelmann (Dresde) à Fischer von Erlach (Vienne, Salzbourg); les monastères fortifiés de Moscou ; sans oublier les réminiscences de Bernini et des baroques italiens. Son art est fait de l'amalgame de tous ces styles, qu'il a réussi à transcender en une synthèse originale, plus russe qu'européenne ; c'est là le miracle. Hors de Saint-Pétersbourg, il a également construit à Kiev l'église Saint-André, coiffée d'une coupole et de quatre lanterneaux.

palais ; en 1913, il était badigeonné de rouge foncé. On n'ose penser que Nicolas II ait voulu rappeler par cette couleur le sang des centaines d'affamés qu'il fit massacrer sur la place le 22 janvier 1905, lors du dimanche qui préluda à la révolution de 1917.

Deuxième surprise : l'harmonie dans le gigantisme. Les colonnes et les pilastres, les saillies des avant-corps, la superposition des deux ordres, ionique et corinthien, les masques et les coquillages qui

Le Palais d'hiver était la résidence impériale. On ne peut guère juger aujourd'hui de la décoration intérieure du XVIIIe siècle, car elle a été entièrement refaite par l'architecte néo-classique Vassili Stasov, sous Nicolas Ier, après l'incendie de 1837. C'est ce tsar que l'on aperçoit, entrant en tête du cortège impérial, dans la grande salle des Blasons (ci-contre, en 1854). Le saccage du palais par la foule, en 1917, lors de la Révolution, ravagea une nouvelle fois les grandes salles d'apparat. Tous les voyageurs étaient frappés par un luxe et une ostentation de puissance inconnus dans le reste de l'Europe. Hauteur des plafonds, solennité des proportions, majesté des colonnes, gigantisme des lustres, tout respire un faste exceptionnel. A Saint-Pétersbourg, on dirait que l'immensité du paysage fluvial s'est transférée tout naturellement dans l'architecture.

décorent les fenêtres, la balustrade de l'attique garnie de statues et d'urnes, tout concourt à rythmer l'énorme façade, à l'animer d'une vie prodigieuse. Les trois autres façades suscitent la même euphorie. Une longue colonnade scande le côté sur le fleuve. L'ensemble aurait pu être ennuyeux, pompeux, solennel. Rien n'est plus festif au contraire, plus jubilatoire, comme un art de la fugue sans commencement ni fin.

La plus somptueuse des réalisations de Rastrelli est le palais impérial de Tsarskoïe Selo, dont on voit ici la cour d'honneur, avec les dépendances en hémicycle. Les cinq bulbes dorés de la chapelle, souvenir de la Russie byzantine, tranchent sur l'imposante construction moderne. L'ordre colossal de colonnes et de pilastres qui relient en un seul élan le premier et le second étages – procédé inventé par Bernini à Rome – fut repris par Rastrelli dans un projet de pavillon (en haut).

Tsarskoïe Selo

Elisabeth, qui n'avait pas plus hérité de son père la passion pour la mer et les bateaux que le goût des poêles de faïence, se fit construire sa résidence de campagne, non pas au bord du golfe de Finlande, comme Peterhof, mais à l'intérieur, sur une colline boisée. Le palais de Tsarskoïe Selo (Pouchkine sous les communistes) est encore plus vaste que le Palais d'hiver. Resté bleu azur, selon le credo esthétique de Rastrelli, il étire sa façade sur plus de trois cents mètres. Même jeu de colonnes, de pilastres, d'encadrements, d'avant-corps, avec une ostentation de richesse qui indispose. La façade postérieure donne sur une cour bordée de dépendances basses en demi-cercle : une prairie d'herbes folles, un air d'abandon sympathique. La chapelle du palais arbore les cinq bulbes dorés des églises byzantines : encore une infidélité à la religion de Pierre le Grand. Beaucoup d'or aussi, trop d'or à l'intérieur. Le palais, occupé et saccagé par les Allemands, a été restauré avec un zèle excessif.

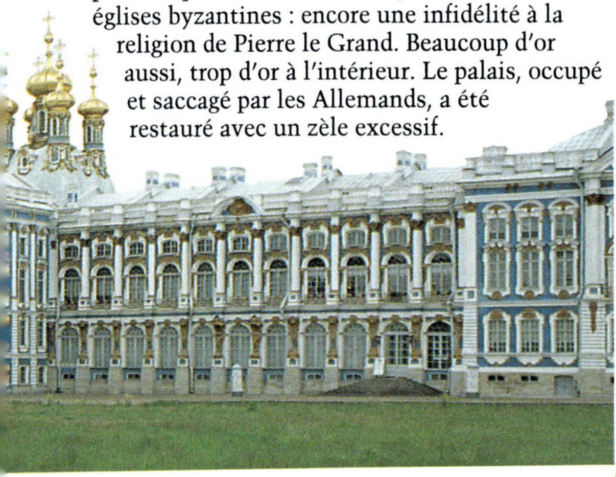

L'atlante, double image de puissance et d'esclavage, fut un des motifs favoris de l'imaginaire baroque : Puget en France, Braun à Prague, et leur maître, Michel-Ange, à Florence. Les atlantes de Tsarskoïe Selo, tous identiques, n'ont qu'une fonction décorative. Ils scandent l'immense édifice de leurs poses torturées.

Qui répugne à tant de luxe et de pompe impériale goûtera plus de charme à se promener dans le parc et à découvrir les divers ornements ajoutés plus tard par le goût hétéroclite de Catherine II. On trouve un village cosaque fortifié, un village et un pavillon chinois, un pont couvert, dans la manière de Palladio. Plus tard encore, en 1848, fut même construit un bain turc, selon le tropisme oriental qui perdurait en Russie.

L'époque de Catherine II est aussi l'époque du néo-classicisme : de nombreuses statues grecques en galvanoplastie égayent le domaine, avec l'inévitable Hercule Farnèse appuyé sur sa massue (symbole, paraît-il, de la victoire de la Russie sur la Suède) et le non moins rituel Apollon du Belvédère, déjà croisé dans le Jardin d'été. La grotte à rocaille abritait le Voltaire de Houdon. La pyramide, copiée sur celle de

Cestius à Rome, est creuse : elle servait de cimetière aux chiens de la tsarine. Le comte de Ségur, ambassadeur de France, y a laissé, gravée dans le marbre, une oraison funèbre de la levrette Zémire. L'élégie vire peu à peu au madrigal en l'honneur de sa maîtresse. Laquelle, à la fin de sa vie, éprouvant de la peine à descendre par l'escalier dans le jardin, demanda à l'Ecossais Charles Cameron de lui aménager à l'angle du palais une galerie avec un plan incliné. Cet appendice néo-palladien s'orne de bustes en bronze des grands hommes de l'Antiquité. Fox, le chef de l'opposition parlementaire en Angleterre, occupe une place, plutôt saugrenue, entre Démosthène et Cicéron. «Il a, par son éloquence, empêché l'Angleterre de faire la guerre à la Russie ; je ne puis lui exprimer autrement ma reconnaissance», disait l'impératrice. Délicieux éclectisme, qui imprègne les jardins de Tsarskoïe Selo.

Le plus bel ornement du parc est le château bâti pour Alexandre, le petit-fils préféré de Catherine, par l'architecte italien Giacomo Quarenghi, dans les dernières années du XVIIIe siècle. Style néo-classique, bien sûr, et perfection absolue, qui résulte de l'équilibre des masses et de l'harmonie des proportions. Magnifique portique de colonnes blanches sur fond jaune. On voit des militaires aller et venir dans la cour. Ce palais, moins restauré, garde un air de poétique mélancolie. C'est là que résidait Nicolas II depuis que l'émeute de 1905 l'avait dégoûté de sa capitale, c'est de là qu'il partit en 1917 avec sa famille pour la Sibérie et la mort.

Le vaste parc de Tsarskoïe Selo est émaillé de pavillons et de grottes et renferme des pièces d'eau et un lac, avec un pont chinois et un pont couvert, dans le style anglo-palladien qui plaisait à Catherine II.

Les grandes arches qui descendent progressivement vers la gauche supportent la pente douce (*Pandous* en russe !) que l'Ecossais Charles Cameron aménagea dans les années 1780 pour Catherine II devenue presque impotente. La galerie, à droite, avec son soubassement rustique et ses colonnes ioniques, servait de promenade à l'impératrice, les jours de pluie. Cameron en est aussi l'auteur. Avec lui, le néo-classicisme et le goût des colonnades antiques supplantèrent le style de Rastrelli et introduisirent à Tsarskoïe Selo les nobles harmonies inspirées d'Athènes et de Rome.

Le couvent Smolny

Rastrelli fut aussi un maître de l'architecture religieuse. La dévotion gourmande d'Elisabeth ne trouvait pas son compte avec les sanctuaires de Pierre le Grand empreints d'une sévérité luthérienne. L'Italien introduisit un style fleuri et luxuriant, résultat d'une étrange et heureuse combinaison entre les influences jésuitiques italiennes et la tradition nationale russe. Le couvent Smolny qu'il édifia dans une boucle de la Néva est pourvu des cinq bulbes orthodoxes, mais le fronton brisé, les colonnes, les pilastres sculptés, les clochetons posés de travers, le tambour à deux étages, la lanterne, toute cette prodigalité de raffinements évoque le goût transalpin. La polychromie, fond bleu turquoise, colonnes blanches, chapiteaux bronzés, ajoute une note féerique. Un écrin de bâtiments conventuels de même style et de même couleur enchâsse ce pur joyau.

A côté du monastère, Catherine II, comme si elle avait voulu une fois de plus contrebalancer la sensualité d'Elisabeth par un retour à l'austérité allemande, fit construire par Quarenghi une maison d'éducation pour jeunes filles nobles, l'institut Smolny, plutôt rébarbatif. Les Soviets le transformèrent en quartier général et Eisenstein y tourna certaines séquences d'*Octobre*. La statue de Lénine est restée dans le jardin. L'homme d'Etat proclama ici la dictature et résida à l'institut d'octobre 1917 à mars 1918, jusqu'au moment où il retransporta la capitale à Moscou.

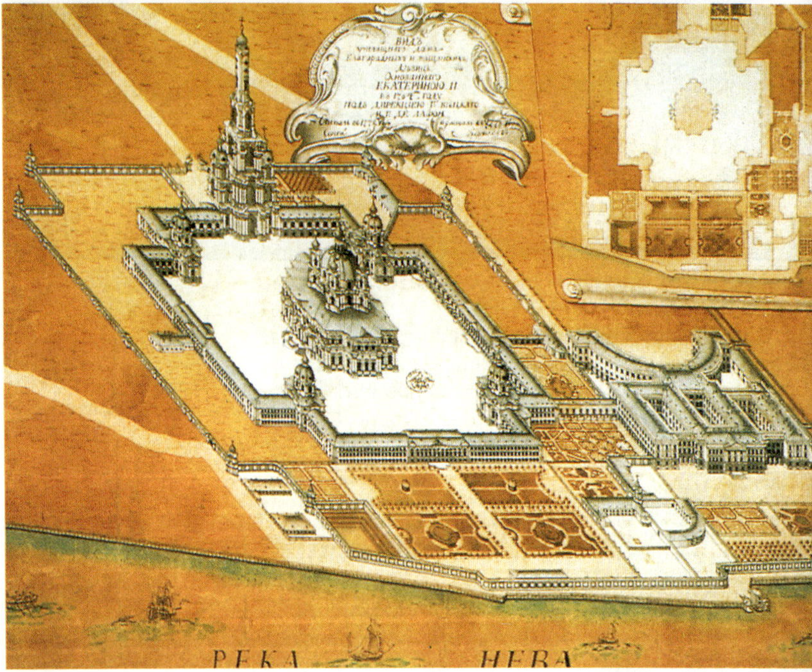

Cette axonométrie de Smolny permet de voir à la fois le monastère construit par Rastrelli et, à droite, l'institut d'éducation pour jeunes filles bâti par Quarenghi. Deux époques, deux styles. Rastrelli, baroque, travaillait pour Elisabeth ; Quarenghi, néo-classique, pour Catherine II. Malheureusement, le projet que l'on voit ici n'a jamais été exécuté en entier : le haut campanile est resté dans les papiers.

Saint-Nicolas-des-Marins

Un rival russe de Rastrelli, Sava Tchevakinski, a bâti l'autre belle église élisabéthaine, Saint-Nicolas-des-Marins, bleue et blanche elle aussi, coquette, appétissante, quintuplement sommée de bulbes dorés, avec un clocher bleu et or séparé.

Saint-Nicolas-des-Marins renferme deux églises superposées : une au rez-de-chaussée, pourvue de radiateurs et utilisée en hiver, l'autre au premier étage, qui sert pendant l'été. Ce sanctuaire est un de ceux qui ont été rendus au culte orthodoxe. La liturgie a repris avec la splendeur d'antan, comme s'il n'y avait pas eu de Révolution ni soixante-dix ans d'athéisme. La foule, pauvrement vêtue, circule et se prosterne devant les icônes. Regroupés devant l'iconostase, une demi-douzaine de prêtres caparaçonnés de chasubles étincelantes et mitrés de plusieurs kilos d'or massif psalmodient de leur voix caverneuse.

Les chœurs invisibles dans la tribune, le décor blanc et doré, plus profane que religieux, la pompe de l'office, tout concourt à nous transporter à l'opéra. A part *Zar und Zimmermann*, de Lortzing, qui évoque la période où il était charpentier à Amsterdam, Pierre le Grand n'a jamais inspiré de compositeur lyrique, peut-être parce qu'il détestait le luxe inutile de l'Eglise et a combattu avec vigueur le pouvoir du métropolite de Moscou.

La cérémonie, à la fois populaire et aristocratique, renvoie à une époque beaucoup plus lointaine. Moussorgski, clochard de Saint-Pétersbourg, se sera inspiré de ces ors,

De la cour d'honneur de l'institut Smolny (ci-dessous), on peut apercevoir les coupoles des chapelles du monastère, remarquables par leur couleur autant que par leur forme (ci-dessus). Lénine occupa les bâtiments de l'institut au début de la Révolution.

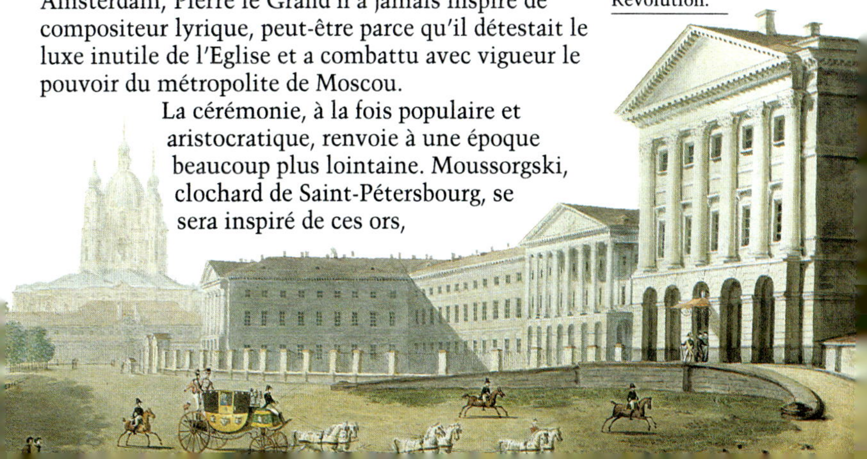

de ce faste, pour écrire la grande messe chorale de *Boris Godounov*.

A la fin de l'office, une longue queue se forme devant le lutrin des Evangiles. Un prêtre en robe blanche brodée trempe un pinceau dans une coupe d'eau bénite et dessine une croix sur le front des fidèles. Beaucoup de vieilles femmes en fichu, mais de nombreux jeunes aussi. Avant d'arriver devant le prêtre, ils se prosternent devant le pupitre et appliquent leurs lèvres sur le livre saint relié en argent. Après l'onction, ils baisent la main du prêtre.

Celui-ci s'en va en emportant le livre qu'il élève plusieurs fois devant la foule. Chacun se jette à genoux, se relève, plonge de nouveau. Il faut se prosterner trois fois de suite à toute vitesse. Par la porte grande ouverte de la gigantesque iconostase peinte et dorée, apparaît alors un baldaquin en or, aux colonnes berniniennes torsadées.

Une ville baroque?

Question qui paraîtra incongrue à tous ceux que ce déploiement de dorures, de moulures, d'enflures, de boursouflures, de façades surchargées et de stucs polychromes enthousiasme ou irrite, sans qu'ils remettent en question la parenté des grands monuments pétersbourgeois avec les modèles romains ou leurs variantes allemandes. Il est entendu que Rastrelli a importé d'Italie le

Le palais Stroganov, au coin du canal de la Moïka et de la perspective Nevski, est l'un des chefs-d'œuvre de Rastrelli (à gauche). Les Pétersbourgeoises portaient leurs souliers à la main et un petit plumeau, pour affronter la poussière ou la boue.

faste et l'exubérance de l'art baroque, et que le Palais d'hiver, Tsarskoïe Selo, Smolny, le palais Stroganov sur la perspective Nevski peuvent rivaliser avec ce que la péninsule a produit de plus somptueux et imaginatif. Baroque ou rococo, ces adjectifs conviennent-ils à la capitale des tsars ?

Place du Palais, face au chef-d'œuvre de Rastrelli, deux bâtiments de majestueuses proportions s'arrondissent en demi-cercle de part et d'autre d'un arc de triomphe monumental. Ensemble construit bien plus tard, dans les années 1820-1830, par l'architecte d'Alexandre Ier Carlo Rossi. Or cet hémicycle, uniforme et sévère,

Dans le quartier maritime, Sava Tchevakinski a construit l'église Saint-Nicolas-des-Marins, avec les cinq bulbes de la tradition byzantine et un clocher planté à l'écart du sanctuaire. Les couleurs des toitures, la forêt d'arbres, l'eau dormante du canal soulignent le charme et l'élégance de l'architecture.

apogée du néo-classicisme, s'harmonise merveilleusement avec le Palais d'hiver. Comment deux styles si opposés peuvent-ils aller ensemble ? Ils semblent avoir échangé certains de leurs principes : la façade de Rastrelli est surchargée mais rectiligne, la façade de Rossi nue mais incurvée. En sorte que, par une sorte d'osmose métatemporelle, quelque chose de classique a passé dans l'édifice baroque, quelque chose de baroque dans l'édifice classique – au profit général du style classique. Car, impossible de le nier, la place du Palais a une ordonnance régulière et harmonieuse qui répond bien mieux aux paisibles utopies de la Renaissance qu'elle ne rappelle les fiévreuses scénographies de piazza Navona ou piazza di Spagna.

Les caractères baroques spécifiques ne manquent pas chez Rastrelli, mais il les a si ingénieusement adaptés à l'espace russe que le bouillonnement fantasque propre à l'art italien est devenu à Saint-Pétersbourg majesté calme et réfléchie. L'ampleur des proportions, la manière d'élancer les façades par des pilastres ou colonnes qui embrassent toute la hauteur et abolissent la fragmentation en étages, le désir d'imposer au spectateur une vision globale, non analytique, du

Ce panorama de l'immense place du Palais rabat sur un même plan l'hémicycle de Rossi (à droite) et le Palais d'hiver (à gauche) qui se font face en réalité. Au milieu de cette place, l'architecte français Ricard de Montferrand éleva à la mémoire d'Alexandre Ier, le vainqueur de Napoléon, la plus grande colonne monolithe du monde, qui devait par force être plus haute et plus lourde que la colonne de la place Vendôme, à Paris.

monument, tout cela vient du Bernin, sans doute. Mais cette ampleur est si colossale chez Rastrelli, cette vision si large et imposante, qu'elles transcendent tout ce qu'il peut y avoir de précieux ou excessif dans le baroque, d'étriqué, mièvre ou chichiteux dans le rococo.

Couleurs et bulbes

Le bariolage des façades est une fantaisie qu'on pourrait appeler baroque, si l'on oubliait qu'elle n'a son équivalent ni en Italie ni en Europe centrale.

Domenico Trezzini, artiste de goûts plus sévères, y cédait déjà, comme y céderont les néo-classiques Quarenghi et Rossi. Les couleurs sont un moyen d'accrocher le peu de lumière, de lutter contre le gris du ciel et l'immensité de la plaine. Rouge et blanc de Trezzini, vert, bleu et blanc de Rastrelli, plus tard jaune et blanc de Quarenghi et Rossi, or des deux flèches et du dôme de Saint-Isaac, cette polychromie festive, dont on ne s'explique pas qu'Alexandre Dumas l'ait boudée, est la constante et le charme du style pétersbourgeois. L'église de la Tchesma est sang-de-bœuf. Quant aux coupoles byzantines, Rastrelli les a-t-il rétablies par goût de leurs formes contournées ? On ne pourrait le soutenir qu'en méconnaissant l'hommage rendu à l'architecture moscovite et à la tradition séculaire des cinq bulbes dorés arrondissant leurs dômes au-dessus des bras de la croix.

“Chez les Anciens, les architectes entassaient les monuments dans des lieux escarpés et resserrés où le pittoresque du site ajoutait à l'effet des œuvres de l'homme. Les Russes qui croient reproduire l'Antiquité, et qui ne font que l'imiter maladroitement, dispersent au contraire leurs bâtisses soi-disant grecques et romaines dans des champs sans limites, où l'œil les aperçoit à peine. Aussi est-ce toujours des steppes de l'Asie qu'on se souvient dans ces cités où l'on a prétendu reproduire le forum romain.”

Custine,
La Russie en 1837

C'est la nuit, quand elle est vide, que la place du Palais révèle toute sa beauté, une beauté surréelle, métaphysique. Même la colonne Alexandre, plus haute que la colonne Vendôme, taillée dans un seul bloc de granit et plantée au milieu par Auguste Ricard de Montferrand, un architecte français qui aimait battre des records (650 tonnes), loin de déparer ce grand espace nu, donne l'échelle de sa démesure sublime. Fermée au nord et au sud par le Palais d'hiver et l'hémicycle, l'esplanade s'ouvre à l'est sur les jardins de l'Amirauté et à l'ouest sur le pont qui enjambe la Moïka entre l'élégant Etat-Major de la Garde et la chorale Glinka. C'est de ce côté que la vue est la plus parfaite. L'esprit fasciné contemple sa chimère d'une ville absolue.

Les arts réunis

Le quartier de l'Ermitage est chargé de souvenirs et d'institutions culturelles. Musique : cette chorale Glinka, école fondée il y a cinq cents ans à Moscou, transportée ici par Pierre le Grand, pourvue d'une grande salle où chaque soir concerts symphoniques ou vocaux attirent la foule. Dans le même bâtiment, le jeune et dynamique Institut français a installé ses locaux. Littérature : la belle maison, sur la Moïka, où habitait Pouchkine, avec sa bibliothèque, beaucoup de livres français, Byron et Heine en traduction française et, plus loin, la chapelle des Ecuries impériales où eurent lieu ses obsèques, le gouvernement, qui craignait des émeutes, ayant interdit des funérailles plus solennelles à Saint-Isaac. Dans la rue ex-Khaltourina, redevenue des Millionnaires, maison où Balzac se logea (n° 16, aujourd'hui boulangerie-pâtisserie), presque en face (n° 25) de Mme Hanska.

Blanc, rose, vert, bleu, turquoise, jaune : la ville est une fête de couleurs, toujours fraîches, car les rigueurs de l'hiver obligent à renouveler souvent le badigeon. Saint-Nicolas-des-Marins, Kunstkamera, arc de triomphe, palais d'Hiver, cathédrale Pierre-et-Paul, tout chatoie et s'irise comme un décor d'opéra. Le gris urbain des villes françaises n'a pas droit de cité ici, où la roborative polychromie des façades rachète les longs mois sans lumière.

Le nouvel Ermitage, édifié entre 1835 et 1852 sur les plans de Leo von Klenze, fut le dernier bâtiment construit en prolongement du Palais d'hiver, et le premier conçu dès l'origine pour servir de musée. Dix atlantes de granit gris soutiennent le portique. Sculptés par Terebeniev, hauts de cinq mètres, d'une beauté et d'une force exceptionnelles, ils offrent la synthèse d'un des motifs les plus en vogue pendant l'ère baroque et de la monumentalité égyptienne. Le canal qui part sur la droite aboutit à la Néva, en passant sous un pont qui évoque celui des Soupirs, à Venise.

Giuseppe Mazzuoli, ou Mazzuola, n'est guère mentionné dans les histoires de l'art. Son *Adonis* (ci-dessous) ressortit à la grande veine baroque : giration en spirale du corps, pâmoison extatique, abondance du geste, luxuriance de la chevelure, attitude théâtrale, érotisation du corps masculin. Parmi toutes les statues de l'Ermitage, en majorité néo-classiques, elle affirme avec éclat la prédominance du mouvement sur le calme. On découvre ainsi dans cet immense musée des chefs-d'œuvre inconnus, achetés sans doute par quelqu'un de ces grands amateurs que furent les Russes, capables, plus tard, de dénicher Matisse ou Picasso avant l'époque de leur gloire.

L'Ermitage : palais et musée

Architecture : les divers édifices accolés peu à peu au Palais d'hiver : le petit Ermitage de Vallin de la Mothe, où Catherine II s'entretenait avec Diderot et le prince de Ligne, au milieu de tableaux choisis ; le vieil Ermitage, sur la Néva ; le nouvel Ermitage, sur la rue des Millionnaires, que distingue son portique soutenu par dix splendides atlantes de granit hauts de cinq mètres ; le Théâtre de l'Ermitage, de Quarenghi, sur la Néva, relié au vieil Ermitage par un pont façon Soupirs de Venise.

Peinture et sculpture, enfin, au musée de l'Ermitage, un des plus riches du monde, dont il n'est pas question de présenter ici les trésors éparpillés dans le Palais d'hiver et les Ermitages. Disons seulement le charme que dégagent la plupart de ces salles aménagées à l'ancienne, sombres, mal éclairées, remplies de trop de tableaux, de statues, de vases et d'urnes en pierres dures de l'Oural, mais combien plus vivantes dans leur inconfort désuet que les pièces blanches et aseptisées que nous infligent les conservateurs modernes.

Un peuple de pierre

Cette vue ancienne d'une des salles de l'Ermitage rend bien l'impression de fouillis abondant qu'on éprouve encore aujourd'hui en flânant au milieu des œuvres d'art qui ne sont pas ordonnées selon les règles de la muséographie moderne. Antiques ou néo-classiques, les statues attestent le goût qui prévalait sous les règnes de Catherine II et d'Alexandre Ier et qui s'est prolongé longtemps après que le romantisme eut gagné le reste de l'Europe. L'Ermitage s'enorgueillit de posséder douze Canova. Quand on débouche en haut de l'escalier monumental du nouvel Ermitage, on se trouve, dans une sorte d'atrium, entouré de statues néo-classiques italiennes : le *Ganymède* d'Adamo Tadolini, Bolonais élève de Canova à Rome ; l'*Abel mourant* de Giovanni Dupré, Siennois qui alla travailler pour les tsars. Les formes sereines, les attitudes nobles et la blancheur un peu froide de ces statues de marbre s'harmonisent avec l'architecture, blanche et jaune, de Saint-Pétersbourg.

Une accumulation de trésors

Le visiteur du musée n'est pas assisté dans son parcours, comme c'est devenu l'habitude un peu partout dans le monde. C'est vrai que certains tableaux, placés trop haut, sont difficiles à étudier, et même à voir, c'est vrai qu'ils se nuisent les uns aux autres par cette proximité excessive, c'est vrai que l'éclairage laisse à désirer. Et pourtant, nulle part ailleurs on n'éprouve de telles joies : surprise de découvrir, là où on s'y attendait le moins, caché dans la foule des toiles secondaires, un chef-d'œuvre absolu, émerveillement soudain devant un Pontormo, un Sebastiano del Piombo, un Giorgione, un Caravage, un Ribera, un Chardin apparu sans crier gare, sentiment d'avoir à constituer, à l'intérieur de cette énorme accumulation de trésors, son musée personnel. Visiter l'Ermitage n'est pas accomplir le pensum culturel qu'on inflige dans les musées plus modernes, c'est se livrer au plaisir de la flânerie sans but, l'œil en alerte pour dénicher ce qu'on aimera vraiment sans que personne nous l'ait indiqué.

Foin des outrances décoratives! La réaction s'amorça dès la mort d'Elisabeth Petrovna, et les deux grands souverains constructeurs qui lui succédèrent imposèrent à la capitale cette beauté froide et régulière qui fait son unité et sa gloire. Si la place des Arts peut être considérée comme le centre de la ville néo-classique, le nouveau style se rencontre partout, du palais de Tauride à l'est à la Nouvelle-Hollande à l'ouest, de l'Académie des Beaux-Arts sur l'île Basile à la résidence campagnarde de Pavlovsk.

CHAPITRE III
LA PLACE DES ARTS

Cœur de la vie artistique pétersbourgeoise, la place des Arts, dite aussi place Michel, est dominée par le Musée russe, qui conserve les chefs-d'œuvre de la peinture et de la sculpture russes.

Catherine II et ses architectes

Allemande de naissance, russe d'adoption, cosmopolite de goûts, protectrice de Falconet et de Diderot, en relations épistolaires avec Voltaire et Grimm, Catherine II régna de 1762 à 1796. Acte inaugural de sa politique artistique : définir par des statuts rigoureux la mission de l'Académie des Beaux-Arts fondée en 1758 et appelée désormais à régenter le travail des artistes. Un des premiers professeurs chargés de former les élèves et d'appliquer le programme de la tsarine fut le Français Vallin de La Mothe. Il était arrivé à Saint-Pétersbourg en 1759. C'est lui qui construisit, à partir de 1764, l'édifice destiné à loger l'Académie. Sur la rive droite de la Néva, c'est une bâtisse plus lourde que majestueuse, avec son soubassement rustique, son étage noble sans imagination, sa coupole aplatie, sa couleur brunâtre. Une vraie caserne, pour indiquer la nouvelle discipline imposée aux créateurs. Lui-même ne s'est pas toujours montré aussi mal inspiré. Voir l'hôtel Youssoupov, ou l'arche de la Nouvelle-Hollande, sur la Moïka. Elle sert d'entrée aux anciens entrepôts de l'Amirauté. Quatre colonnes de granit encadrent un

La Nouvelle-Hollande est le quartier ancien, tout en brique et entouré d'eau, où se trouvaient les ateliers et les entrepôts maritimes, dès l'époque de Pierre Ier, comme l'indique la référence au modèle étranger du tsar. L'architecte français Vallin de la Mothe (1729-1800) bâtit sous Catherine II l'arche décorative (ci-dessus) qui sert d'entrée à un dépôt de matériaux. Il était arrivé en Russie en 1759 et y resta jusqu'en 1775.

monumental arc de brique ouvert sur le vide. Dans la solitude et le silence de ce quartier écarté, on dirait une ruine pour un décor d'opéra.

Vallin de La Mothe, plus tard Montferrand et Thomon, l'auteur de la Bourse de mer : ce qu'il y a de moins réussi à Saint-Pétersbourg est l'œuvre de Français. Par chance, les architectes italiens continuèrent à affluer, et un Italien, même néo-classique, même soumis aux ordres d'un despote, fait chanter la pierre. Tel Antonio Rinaldi. Il bâtit pour Grigori Orlov, un des favoris de la tsarine, qui l'avait aidée à assassiner son mari Pierre III, le Palais dit de marbre, sur la rive gauche de la Néva, après le Palais d'hiver. Simple par les lignes mais luxueux par les matériaux, cet édifice conjugue le granit rouge et le marbre gris de Sibérie. Quelque chose de tout à fait exceptionnel dans les palais du XVIIIe siècle, qui sont tous en brique et en plâtre peint.

En remontant toujours la Néva, on tombe, au-delà du Jardin d'été, sur le palais d'un autre favori de Catherine, le célèbre Potemkine. En 1783, l'Académie avait formé des architectes russes, et c'est à Ivan Starov qu'échut l'honneur de construire une résidence pour le

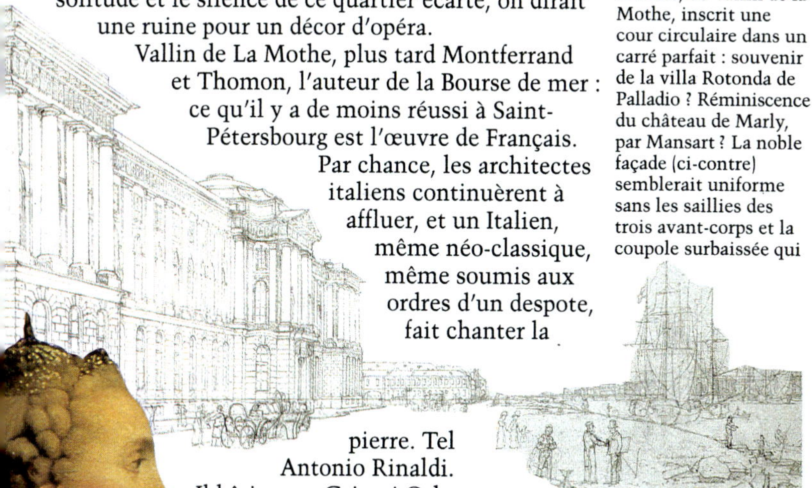

Le palais des Beaux-Arts, de Vallin de la Mothe, inscrit une cour circulaire dans un carré parfait : souvenir de la villa Rotonda de Palladio ? Réminiscence du château de Marly, par Mansart ? La noble façade (ci-contre) semblerait uniforme sans les saillies des trois avant-corps et la coupole surbaissée qui coiffe celui du milieu. Ce bâtiment un peu lourd porte bien la marque de l'esprit français, plus soucieux de régularité que de fantaisie. Il a joué un rôle considérable, abritant l'Académie des Beaux-Arts que les tsars chargeaient d'appliquer leur politique artistique. Et d'abord Catherine II (à gauche). Cette souveraine, Allemande de naissance, mariée en 1745 au futur Pierre III, se convertit à l'orthodoxie et apprit le russe à la perfection. Sous son règne, grâce à l'essor économique et aux succès militaires, l'Empire russe devint une puissance prépondérante.

Le Palais de marbre, bâti par Antonio Rinaldi au bord de la Néva : Catherine II récompensait chacun de ses amants en le dotant d'une magnifique résidence. Grigori Orlov, bénéficiaire de ce palais, était le frère d'Alexis Orlov qui, avec l'assentiment tacite de la souveraine, assassina le tsar Pierre III, dans l'idée que son frère pourrait épouser Catherine et monter sur le trône. Catherine se garda bien de faire une telle erreur et se contenta de donner des cadeaux à son favori. Sous le régime soviétique, le palais de marbre devint le musée Lénine : sept mille documents relatifs au dictateur communiste. Aujourd'hui, nouveau revirement : on a rétabli le culte des tsars. Musée impérial, le palais abrite désormais les portraits en pied des tsars, y compris Nicolas II, et de la haute noblesse.

conquérant de la Crimée, rebaptisée aussitôt Tauride, de son nom grec. Palais de Tauride s'appelle aussi l'édifice jaune et blanc qui, précédé d'un portique à six colonnes doriques, singe le Panthéon romain.

Giacomo Quarenghi et Charles Cameron

Giacomo Quarenghi fut l'architecte le plus complet de cette époque. Né en 1744 à Bergame, il avait étudié les villas de Palladio et suivi à Rome les cours de Derizet, un disciple de Winckelmann, avant de venir, dans les années 1780, s'installer à Saint-Pétersbourg.

L'architecte Quarenghi (ci-contre) est l'un des nombreux artistes – Italiens, Français, Ecossais, Allemands, etc. –, qui ont fait Saint-Pétersbourg.

Il construisit le Théâtre de l'Ermitage sur le modèle du Teatro Olimpico de Vicence, l'Académie des Sciences dans l'île Basile, l'institut Smolny, le palais Alexandre de Tsarskoïe Selo, le Palais anglais de Peterhof, la chapelle de l'ordre de Malte dans la cour de l'hôtel Vorontsov de Rastrelli : tous monuments d'une ordonnance limpide, qui reflètent la clarté de la raison.

La frénésie sexuelle de Catherine II et sa consommation phénoménale de jouvenceaux sont passées dans la légende, mais le plus remarquable dans ces débauches était leur caractère méthodique. En bonne Allemande qui n'a pas envie de perdre son temps, elle faisait essayer par une dame d'honneur ses amants avant de les admettre dans son lit. Même prudence avec ses artistes. Avant de remplacer Rinaldi, qui ne lui paraissait pas assez féru d'Antiquité, par l'Ecossais Charles Cameron, elle éprouva les talents de décorateur de ce dernier en lui demandant d'aménager à Tsarskoïe Selo de petits appartements dans le goût pompéien, ainsi que la galerie au plan incliné. Après quoi, Cameron eut carte blanche pour bâtir ce qui est la plus belle, la plus poétique des résidences impériales périphériques, le palais de Pavlovsk. Sorte de villa italienne à coupole et à colonnes, il est entouré d'un parc vallonné, à l'anglaise,

Le principal favori de Catherine II, après Grigori Orlov, fut Grigori Potemkine. Il se distingua dans la guerre contre les Turcs, colonisa l'Ukraine, créa une flotte de guerre dans la mer Noire. Prince fastueux, il reçut en récompense, après la conquête de la Crimée, le palais dit de Tauride (ci-dessous), bâti par l'architecte russe Ivan Starov : somptueuse résidence, aujourd'hui bien dégradée, et qui fut le théâtre de fêtes splendides données en l'honneur de la tsarine.

exquis. Autant les salles d'apparat du Palais d'hiver ou de Tsarskoïe Selo respirent la vanité et l'ennui, autant l'intérieur de Pavlovsk est un ravissement. C'était le domaine du grand-duc Paul, fils de Catherine. Il avait rapporté de son voyage en France un mobilier Louis XVI complet, ainsi qu'un extraordinaire service de toilette bleu et blanc donné par Marie-Antoinette. Ce grand-duc, avant de devenir un tyran lunatique, s'intéressait aux arts.

Paul Ier, qui avait réuni dans son palais de Pavlovsk une galerie de statues romaines (à gauche), fut victime d'une conjuration de palais. En 1801, ses familiers l'étouffèrent dans son lit. Comme au temps des Médicis à Florence, la beauté et le crime faisaient alliance.

On voit dans ses appartements une belle salle grecque aux colonnes de stuc peint façon marbre vert, des statues romaines achetées en Europe, des vases en pierre dure de l'Oural, des tableaux de Pompeo Batoni et de Greuze, un Cupidon de Kozlovski, un Génie funéraire de Martos.

Enfin, la combinaison du goût esthétique et du sens pratique incita la tsarine à de grands travaux utilitaires. Les rives de la Néva et des canaux étaient restées nues. Elle les fit revêtir de magnifiques quais de granit coupés de demi-lunes. L'Allemand Velten, auteur de ces embellissements, dessina aussi les grilles en fer forgé du Jardin d'été. C'est derrière ces grilles que Tchaïkovski a situé le premier acte de *La Dame de pique.* Au dernier acte, Lisa saute dans le Canal d'hiver devant la forteresse Pierre-et-Paul.

Ce dessin de Quarenghi représente un coin du parc de Pavlovsk, tracé avec art et planté d'essences variées par le décorateur italien Gonzaga. Maria Fedorovna, femme de Paul Ier, avait, en compagnie de son époux qui n'était encore que grand-duc, rendu visite à Marie-Antoinette à Versailles. Très impressionnée par le Petit Trianon, elle rapporta de ce voyage le goût des fabriques dont elle émailla les jardins de Pavlovsk. On voit sur ce dessin la grande cascade et la colonnade circulaire du temple d'Apollon. C'est Quarenghi lui-même qui venait de construire, en 1800, le pont en tuf.

La perspective Nevski

Pour aller de la place du Palais à la place des Arts, il faut remonter la perspective Nevski. La plupart des voyageurs commencent par se promener le long de cette avenue. Un mythe, historique et littéraire. Gogol a une fois pour toutes décrit la cohue qui s'y presse, l'animation fiévreuse de chaque instant. Tout ce qu'il dit de ce tohu-bohu, de cette course incessante vers on ne sait quel but reste vrai aujourd'hui. La foule russe, ce fleuve ininterrompu d'hommes, de femmes et d'enfants, c'est ici qu'on la rencontre, sur des kilomètres. Le sentiment de devenir tout petit dans une marée humaine, c'est ici qu'on l'éprouve. Les romans de Tolstoï, les opéras de Moussorgski, de Rimski-Korsakov et de Prokofiev, les films politiques de Poudovkine et d'Eisenstein nous avaient préparés à considérer la dissolution de l'individu dans la masse du peuple comme un trait spécifique de l'histoire russe. Nous constatons ici que la vision des grands

créateurs est à peine une amplification lyrique de la réalité quotidienne.

Il semble que toute la vie de l'énorme cité se concentre dans cette artère. L'impression est d'autant plus forte que la plupart des autres quartiers ont l'air vides. Petits commerces à même le trottoir, étals de livres, ateliers improvisés de peintres, marché noir, trafic de devises, ventes de chiots et de chatons, il y a de tout sur la perspective Nevski. Mais gare à qui voudrait prendre son temps et flâner! Les gens se hâtent, se poussent à qui mieux mieux, se rentrent dedans et heurtent brutalement l'oisif. Quelle bousculade! Jamais un mot d'excuse. Ils foncent devant eux, et tant pis si vous vous trouvez sur leur chemin. Grossièreté naturelle? Résultat de soixante-dix ans de régime où on leur a dit que la politesse était une séquelle répugnante de l'éducation

Le «Passage» sur la perspective Nevski (en bas), superbe verrière, animée autrefois comme aujourd'hui d'une foule incessante qui se presse en quête d'emplettes dans les innombrables boutiques alignées sur deux étages.

La mythique perspective Nevski. Cette voie triomphale, large de 35 mètres et longue de presque 5 kilomètres, traverse les trois canaux concentriques, Moïka, Griboïedov, Fontanka. Aristocratique du côté de la place du Palais, elle devient de plus en plus populaire à mesure qu'elle s'approche de la laure Saint-Alexandre-Nevski, son point d'arrivée. Mais, même au début de son tracé, l'ordonnance initiale, telle qu'on la voit sur des gravures anciennes (au centre) n'est plus aujourd'hui qu'un souvenir. Dans la seconde moitié du XIXe siècle, les servitudes imposées par les premiers tsars n'étant plus respectées, on s'est mis à construire des banques et des immeubles de rapport.

bourgeoise ? Lutte pour la survie, qui les oblige à piétiner leur prochain ?

Mainte curiosité agrémente le trajet entre la place du Palais et le pont sur la Fontanka : au n° 18, le Café littéraire, voûté, blanc, agréable, où Pouchkine but son dernier café avant d'aller se faire tuer en duel ; les églises des diverses confessions, hollandaise, catholique (Sainte-Catherine, de Vallin de La Mothe), luthérienne et arménienne (toutes deux de Velten), témoignages de la tolérance qui a toujours caractérisé la ville de Pierre le Grand ; les librairies ; le palais Stroganov, blanc et vert ; Gostiny Dvor, le magasin géant, et, en face, le « Passage », galerie marchande où l'on s'écrase ; un peu plus loin (n° 56), une boutique d'un tout autre genre, Eliseev, paradis gastronomique dans un superbe décor 1900, et qui ne désemplit pas, preuve qu'une classe de nouveaux riches a poussé sur

les ruines de la société soviétique; le passage souterrain, au croisement de la rue Sadovaïa, caverne de brigands et grouillante entrée du métro qui roule à des profondeurs abyssales, et qu'on rejoint par des escaliers roulants trois fois plus rapides qu'à Paris.

Cependant, les deux monuments qui frappent le plus la vue, l'un par sa lourdeur, l'autre par son élégance, sont la cathédrale Notre-Dame-de-Kazan et le théâtre Alexandra.

Alexandre Ier et ses architectes

Alexandre Ier, qui régna de 1801 à 1825, et à qui la victoire sur Napoléon conféra un prestige international, voulut faire dans le grand et le solennel, sans échapper toujours au vide et au pompeux. Le remplacement de la cathédrale Saint-Isaac de Rinaldi par le mastodonte de Montferrand fut un désastre. L'autre cathédrale, Notre-Dame-de-Kazan, construite de 1801 à 1811 par André Voronikhine, un architecte

L'Amirauté est le noyau historique de la ville qui s'est créée sur la rive gauche. Alexandre Ier décida de remplacer l'ancien bâtiment de Pierre Ier. L'architecte de la Marine Adrien Zakharov construisit de 1805 à 1819 cette nouvelle

Amirauté, tout en gardant la flèche d'or des origines, qu'il fit jaillir d'une galerie de colonnes doriques.

russe qui avait étudié à Paris le Panthéon de Soufflot, ne peut pas être tenue pour une réussite. Avec sa croix latine, sa coupole et sa colonnade semi-circulaire à la Bernin, on dirait un pastiche, chétif et plat, de Saint-Pierre-de-Rome. Alexandre eut la main plus heureuse avec le second de ses architectes russes, Adrien Zakharov. Ancien élève de Chalgrin à Paris, Zakharov fut chargé de construire à la place d'une ancienne forteresse de Pierre le Grand la nouvelle Amirauté.

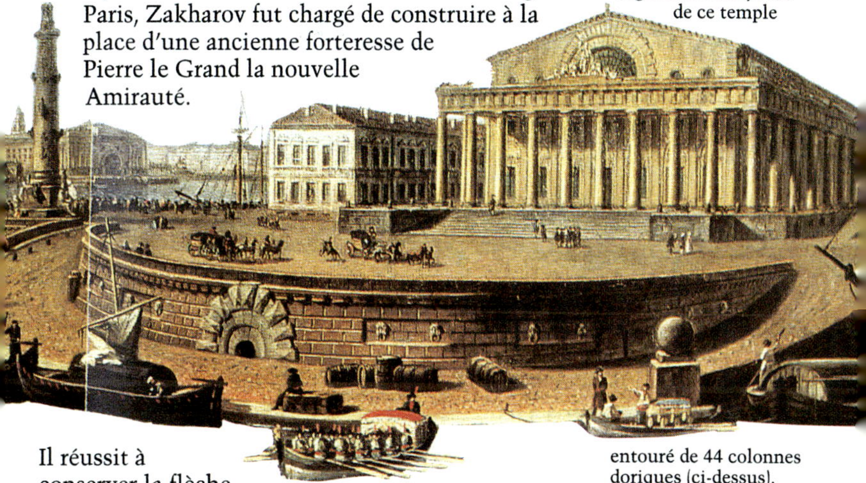

La Bourse maritime est l'œuvre d'un architecte français chassé par la Révolution, Thomas de Thomon. On reconnaît le goût de ses compatriotes dans la régularité ennuyeuse de ce temple entouré de 44 colonnes doriques (ci-dessus). Le pendant russe de la Madeleine de Paris, sa contemporaine.

Il réussit à conserver la flèche dorée et à l'harmoniser avec les colonnades des façades. L'immense édifice, qui s'allonge, au bord de la Néva, entre le *Cavalier de bronze* et le Palais d'hiver, ne dépare pas ce paysage sublime.

Cathédrale Saint-Isaac

Auguste Ricard de Montferrand, né à Paris en 1786, mort à Saint-Pétersbourg en 1858, construisit la cathédrale Saint-Isaac de 1818 à 1858. Si le monument achevé nous apparaît trop lourd et pompeux pour emporter notre adhésion, les dessins de l'architecte gardent un pouvoir fascinant. Pages précédentes : une vue des carrières d'extraction du granit de Finlande, d'où étaient tirés les blocs destinés aux fondations et aux colonnes ; le déchargement des colonnes monolithes, sur fond des palais de l'île Basile, Douze Collèges, Académie des sciences, Kunstkamera. En bas, l'érection de la première colonne du portique nord, le 20 mars 1828, en présence de la famille impériale. On aperçoit la flèche de l'Amirauté. En haut, à droite, la remontée des colonnes du tambour de la coupole. Ces prouesses techniques frappèrent les contemporains et les disposèrent à admirer le mastodonte. A noter que, pour la première fois dans l'histoire de l'architecture, Montferrand conçut une coupole entièrement métallique à trois enveloppes (en bas, à droite).

Rues envahies par le flot tumultueux, attelages emportés, édifices noyés : la crue de 1824 fut la plus dévastatrice des temps modernes et c'est elle qui inspira *Le Cavalier de bronze* à Pouchkine. On voit à gauche la façade du théâtre Alexandra (aujourd'hui Pouchkine). Son architecte, Carlo Rossi (en bas), né en 1775 à Naples d'une ballerine et d'un père inconnu, avait vécu dès sa plus tendre enfance en Russie. Il commença à travailler à Pavlovsk. Puis, après un voyage en Italie en 1802 et un séjour à Moscou, il s'établit définitivement à Saint-Pétersbourg en 1816, où se déroula toute sa carrière, jusqu'à sa mort en 1849. Le théâtre Alexandra est une de ses plus belles réalisations, avec l'hémicycle de la place du Palais, le double palais du Sénat et du Synode, et le palais Michel, affecté par Nicolas II au musée d'Art russe.

Carlo Rossi

Cependant, sans Carlo Rossi, le style Empire eût manqué de génie. Une fois de plus, il se trouva un Italien pour embellir Saint-Pétersbourg. Carlo Rossi compléta le décor néo-classique par quelques ensembles prestigieux qui ont donné à la capitale son visage définitif. Né à Naples en 1775, arrivé très tôt en Russie, il devint entre 1818 et 1832 l'architecte en chef de la ville impériale. Comme beaucoup de ses compatriotes, il n'était pas seulement architecte, mais ordonnateur, urbaniste, scénographe. L'hémicycle de la place du Palais, le double palais du Sénat et du Synode qui fait face à la façade ouest de l'Amirauté témoignent de son sens du théâtre. On remarquera que Zakharov, plus scolaire, a opté pour les colonnes doriques, alors que l'Italien, tempérant la sévérité alexandrine par quelque fantaisie ornementale, a préféré des chapiteaux corinthiens.

Le théâtre Alexandra, qui prit son nom de la femme de Nicolas Ier et fut rebaptisé Pouchkine par les Soviétiques, exhibe une loggia de six colonnes corinthiennes, au fond d'un jardin qui borde la perspective Nevski. Ici encore, la surprise vient moins de l'édifice isolé que du décor architectural aménagé tout autour. De la façade postérieure du théâtre, part une petite rue qui est sans doute la quintessence du style pétersbourgeois. Bordée de chaque côté, sur toute sa longueur, d'un seul palais à murs jaunes et colonnes blanches, elle mesure 220 mètres. Largeur entre les palais : 22 mètres. Hauteur des palais : 22 mètres. La perfection d'un théorème. Une victoire absolue sur l'empirisme qui préside au développement des villes. Du bout de cette rue, on voit le péristyle du théâtre s'encastrer sans solution de continuité entre les colonnes des palais, l'illusion est parfaite. Winckelmann aurait trouvé ici la majesté calme, l'équilibre harmonieux des proportions, bref le beau idéal qu'il réclamait aux temps modernes.

Le centre de la vie artistique

Dite aussi Michel, du nom d'un frère d'Alexandre Ier, la place des Arts peut être considérée non seulement comme le spécimen le plus achevé du style Empire, mais comme le centre de la vie artistique, de même que la place aux Foins est le centre

La rue Rossi, aujourd'hui rue du Théâtre, qui part de la façade postérieure du théâtre Alexandra, constitue la quintessence du style néo-classique à base de colonnades et de frontons. Carlo Rossi est, avec Rastrelli, l'architecte-urbaniste qui a le plus contribué à façonner le décor de la capitale de Pierre le Grand.

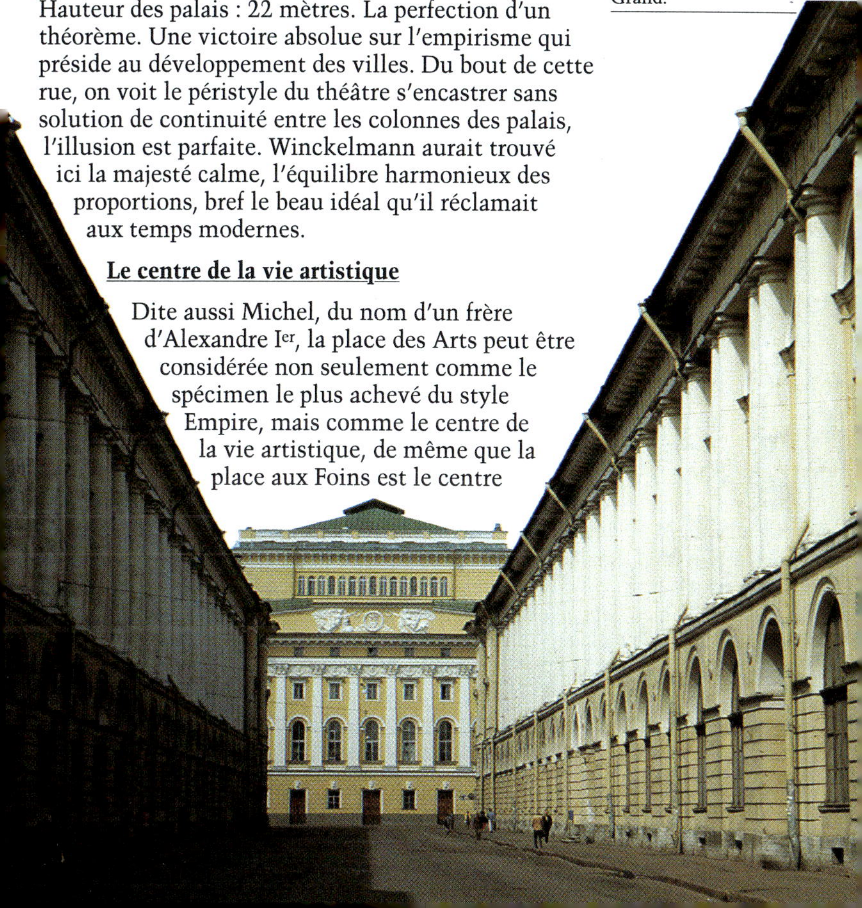

de la vie populaire et la place du Palais, autrefois, était le centre de la vie de cour.

Très vaste, agrémentée de pelouses et ombragée de grands arbres, c'est l'endroit qui a le plus de charme à Saint-Pétersbourg, où l'on revient flâner ou s'asseoir le plus souvent. Rossi en avait prévu l'ordonnance, jusque dans les moindres détails : longueur de la rue d'accès, hauteur des maisons riveraines, uniformité de leurs façades, tout était calculé pour mettre en relief, par un prodigieux crescendo architectural, le portique corinthien du palais Michel qui occupe le fond de la place. Les ailes en retour, la cour d'honneur, profonde, la grille de fonte ouvragée contribuent à creuser la perspective et à exalter le svelte élan de la colonnade.

La ville des palais

Colonnes blanches sur fond jaune : c'est le vrai visage de Saint-Pétersbourg. Comment expliquer que cette ville présente un aspect si homogène ? Que le néo-classicisme y ait posé partout le même décor ? Que le style Empire y soit si dominant ? La réponse est simple : les artistes n'étaient pas libres de construire à leur guise. Rossi, dès ses débuts, siégea au Comité de construction et d'hydraulique. Présidé par un général et ingénieur militaire, cet organisme prenait en examen les projets et vérifiait s'ils étaient conformes aux plans d'urbanisme et au caractère général qu'on voulait imprimer à la ville. Grâce à la continuité de la vie politique en Russie, le même style s'est conservé bien après la mort d'Alexandre Ier, jusqu'au milieu du XIXe siècle. Les servitudes rigoureuses imposées aux architectes ont sauvé Saint-Pétersbourg de la spéculation immobilière, de la surenchère anarchique, de l'enlaidissement forcené. De l'absolutisme des tsars dérive la beauté de leur capitale.

Custine, bien à tort, a critiqué ces palais. Des formes adaptées au paganisme méditerranéen étaient un contresens, pour lui, sous le ciel bas et gris d'un climat polaire. Cet homme épris de libertés et qui avait en aversion le despotisme de Nicolas Ier a confondu dans un

Paul Ier, qui avait vu en songe saint Michel, fit bâtir le château Michel (à gauche), dont la chapelle fut dédiée à l'archange, par l'architecte italien Vincenzo Brenna, qui avait déjà travaillé à Pavlovsk, assisté du jeune Carlo Rossi. Commencé en 1797, le château fut terminé en 1800, en un temps record, Paul Ier pressant les travaux et détournant même les marbres destinés à la cathédrale Saint-Isaac. Souverain despotique, ce tsar aussi méfiant que cruel redoutait les trahisons. Il pensait faire de ce château une Bastille inexpugnable, entourée de douves et défendue par des canons. Après le meurtre du tsar, le bâtiment maudit fut transformé en école d'ingénieurs du génie. C'est là que Dostoïevski fut étudiant, de 1838 à 1843, c'est là que, en 1838, ayant appris l'assassinat de son père, il eut sa première crise d'épilepsie. Le palais Michel, lui, avec son soubassement rustique, ses arcades et ses colonnes corinthiennes, est un véritable palais, ouvert sur la ville, destiné à la parade et aux fêtes (ci-contre et en bas). Carlo Rossi construisit ce palais pour le frère d'Alexandre Ier et de Nicolas Ier, le grand-duc Michel Pavlovitch.

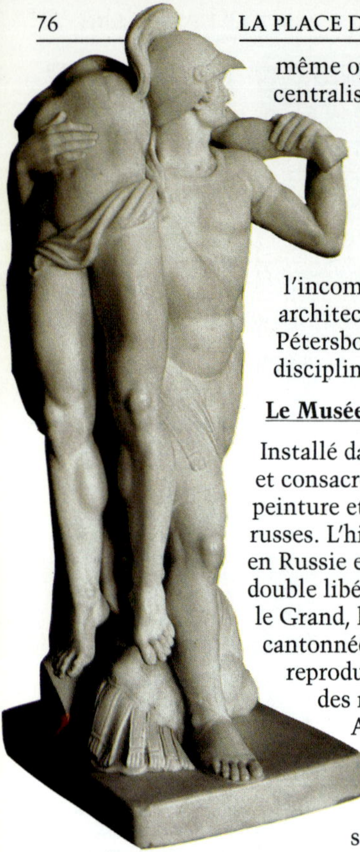

même opprobre la centralisation bureaucratique, la nécessité de soumettre chaque projet à l'approbation du souverain et l'incomparable unité architecturale que Saint-Pétersbourg doit à une telle discipline.

Le Musée russe

Installé dans le palais Michel, et consacré exclusivement à la peinture et à la sculpture russes. L'histoire des beaux-arts en Russie est l'histoire d'une double libération. Jusqu'à Pierre le Grand, la peinture était cantonnée dans la reproduction d'icônes selon des modèles stéréotypés. A partir du XVIIIe siècle, s'émancipant de la tutelle religieuse, elle commence à s'inspirer de la nature. Même les peintres qui continuent à travailler sur des sujets bibliques s'abandonnent à leur génie propre au lieu d'obéir aux poncifs de la tradition. Les premières salles du Musée russe exposent de magnifiques icônes, et, tout de suite après, sans transition, on arrive aux salles des portraits, le premier genre à s'être développé sur les ruines de la production monastique. Après la fondation de l'Académie des Beaux-Arts, essor des tableaux d'histoire, puis des scènes de genre et des paysages. Le XIXe siècle ressemble à une course précipitée mais vaine pour rattraper le retard sur l'Occident. Les toiles les plus célèbres, comme *Le Dernier Jour de Pompéi* de

Les *Cosaques Zaporogues* d'Ilia Répine (1844-1930). La truculence de cette scène d'histoire a réjoui et inspiré Apollinaire, dans *La Chanson du mal aimé.*

Une des grandes révélations, pour le voyageur français, sera la découverte de l'école russe de sculpture du début du XIXe siècle. En bas, à gauche, le *Faune* de Boris Orlovski. En haut, à gauche, *Ajax et Patrocle* de Mikhaïl Kozlovski, chef de file de ces néo-classiques (1753-1835). Elève de l'Académie des Beaux-Arts, il séjourna ensuite à Paris et en Italie. Ci-dessous, le *Joueur d'osselets*, de Pimenov, un des deux bronzes de plein air qui gardent l'entrée du palais Alexandre, à Tsarskoïe Selo, l'autre étant le *Joueur de svaïka*, de Loganovski.

Brullov, *L'Apparition du Christ au peuple* d'Alexandre Ivanov ou *Les Cosaques Zaporogues* d'Ilia Répine sont d'un académisme rédhibitoire.
La peinture ne devient personnelle qu'avec l'étrange Mikhaïl Vroubel, à la fin du siècle, un symboliste de la famille des Klimt, von Stück ou Böklin, dont le musée présente quelques belles toiles où des figures spectrales émergent d'un fouillis de taches convulsives. Malevitch, exilé par les Soviets à Leningrad pour péché moderniste, y a laissé des tableaux, qui pour le moment ne sont pas exposés.

L'école russe de sculpture

Révolution encore plus grande dans la sculpture, qui n'existait tout simplement pas avant le XVIIIe siècle, à cause du veto de l'Eglise. Les premiers sculpteurs à Saint-Pétersbourg furent des étrangers, comme Falconet ou Carlo Rastrelli, le père de l'architecte, auteur de la statue de l'impératrice Anna Ivanovna avec son négrillon. Réalisme presque caricatural, à la manière du Bernin, de cette dondon replète qui se pavane dans sa robe ballonnée. Un des rares exemples de sculpture baroque, car la statuaire ne prit son vol qu'à la fin du XVIIIe siècle, sous l'influence du néo-classicisme européen.

Il se forma alors une école russe, bien injustement méconnue. Ces jeunes artistes s'étaient entraînés à Paris ou à Rome, tel Mikhaïl Kozlovski, dont on découvre les œuvres en haut de l'escalier d'honneur : un Cupidon, un Alexandre en méditation. Plus loin, une série de merveilles, en bronze ou en marbre : un Prométhée,

Le théâtre Marinski (Kirov sous le régime communiste), centre de la danse et de l'opéra, a vu la création de plusieurs des plus célèbres opéras russes. Noureev était le danseur étoile de la troupe du ballet lorsque, en 1961, il choisit la liberté.

un Polycrate pâmé sur un rocher, un Ajax emportant sur son épaule le corps nu de Patrocle, enchanteront les canoviens. L'autre grand artiste de cette époque est Ivan Martos, qui étudia à Rome auprès de Thorvaldsen et devint un maître de l'art funéraire, expert en adolescents nus et génies éplorés. A noter aussi, de Boris Orlovski, un Faune de marbre qui ne serait qu'une réminiscence pompéienne, si son corps magnifique n'était surmonté d'une tête de jeune Russe légèrement asiatique, aux pommettes hautes et aux yeux bridés.

L'opéra de Moussorgski (à gauche, par Répine) *Boris Godounov* a été créé au théâtre Marinski en 1874, après plusieurs refus. Le compositeur mourut en 1881 à 42 ans, de misère et d'alcoolisme, moins de deux mois après Dostoïevski. La création posthume de *La Khovanchtchina*, son second opéra, eut lieu également au théâtre Marinski. A gauche, un projet de décor pour *Boris Godounov* (1913). Ci-dessus, Nijinski dans *L'Après-Midi d'un faune*.

La vie musicale

La place des Arts est aussi le centre de la vie musicale. En entrant, dans le coin droit, la Philharmonie occupe l'ancien Hôtel de la Noblesse. Salle carrée, blanche, entourée d'un déambulatoire que soutiennent de puissantes colonnes. Au-dessus des cuivres et des percussions, ce qui était la loge impériale. L'orchestre est un des meilleurs du monde. C'est avec lui que le grand chef Evgeni Mravinski a enregistré les trois dernières symphonies de Tchaïkovski et rendu à ce compositeur l'âpreté, la

violence originelles noyées dans trop d'interprétations sirupeuses.

On ne va pas au concert par curiosité ni pour assister à un événement, on y va pour communier en slavitude et amour du sol natal. La musique russe fait l'essentiel des programmes. La *8e* de Chostakovitch dure plus d'une heure : pas un bruit pendant les pauses, ni de pieds ni de toux. Ce compositeur est vénéré entre tous.

Le 9 août 1942, jour fixé par Hitler pour entrer dans la ville assiégée depuis le 8 septembre 1941, fut jouée dans cette salle la *7e Symphonie*, dite *Leningrad*, où Chostakovitch évoque le cauchemar subi par les habitants. Non seulement les horreurs inhumaines du siège et les morts de froid et de faim, mais aussi, eut-il soin de préciser ultérieurement, les purges tragiques des années 1930. Espérons que le nom de Leningrad restera attaché à cette grande œuvre, ce ne serait que pure justice

De gauche à droite : Khatchatourian, Chostakovitch et Prokofiev, les trois chefs de file de la musique du XXe siècle en Russie, Stravinski ayant très tôt émigré. Les salles de concert de Saint-Pétersbourg, ici la petite Philharmonie, sont d'anciennes salles de palais au décor somptueux.

envers les victimes de Staline comme envers celles des nazis.

Sur la même place, au fond à gauche, le théâtre Maly s'appelle ainsi («Petit») pour le distinguer du principal théâtre musical, près de Saint-Nicolas-des-Marins, le Marinski (de la princesse Marie), rebaptisé sous les Soviets Kirov, du nom du secrétaire du parti communiste pour Leningrad. Il y a donc deux opéras à Saint-Pétersbourg, chacun jouant un spectacle différent tous les soirs, un ballet et un opéra en alternance, tirés presque toujours du répertoire russe. Les spectacles ? D'une haute qualité musicale, avec des décors ringards et des mises en scène d'un autre âge, quelquefois touchantes. Nijinski dansa au théâtre Marinski avec les Ballets russes, Noureev en était l'étoile. *Le Prince Igor*, *Boris Godounov*, *La Khovanchtchina*, *La Dame de pique* furent créés au théâtre Marie, *Le Nez* de Chostakovitch au théâtre Maly.

En remontant dans le temps, on constate que la vie musicale a toujours été brillante à Saint-Pétersbourg. Catherine II avait beau déclarer à Casanova qu'elle n'aimait pas la musique, elle engagea comme maîtres de chapelle les meilleurs compositeurs italiens de son temps, Paisiello, Sarti, Cimarosa, Galuppi. Paisiello créa ici son plus célèbre opéra, *Le Barbier de Séville*, de même que, quatre-vingts ans plus tard, Verdi fit le voyage de Saint-Pétersbourg pour y diriger la première de *La Forza del destino*, sous Alexandre II, en 1862, un an après l'abolition du servage.

Les deux théâtres d'opéra et de danse de Saint-Pétersbourg affichent un spectacle différent chaque soir. Prix très bas pour les Russes (ci-contre, le programme, à l'usage des étrangers, d'une représentation de l'opéra de Tchaïkovski au théâtre Maly). Salles toujours combles, même au plus fort de la Seconde Guerre mondiale : ci-dessous, une vieille femme vend à un soldat, pendant le siège, un billet pour la 7e *Symphonie* de Chostakovitch, dite *Leningrad*. Cette œuvre, selon l'auteur, entend célébrer non seulement les victimes du siège, mais tous les Russes assassinés avant la guerre sur les ordres de Staline. Très populaire en Russie, la symphonie est restée le symbole de la résistance à toutes les formes d'oppression.

Les quais fastueux de la Néva, les palais splendides exercent une attraction irrésistible, mais pour arriver plus vite au cœur de Saint-Pétersbourg, il faut s'éloigner de cette façade somptueuse et s'enfoncer dans les quartiers populaires, où les surprises ne sont ni moins nombreuses ni moins frappantes.

CHAPITRE IV

LA PLACE AUX FOINS

La place aux Foins, ventre de Saint-Pétersbourg au XIXe siècle (à gauche); le marché populaire est toujours là, mais, si la cohue reste dense, les denrées sont devenues plus que rares. La belle église n'existe plus : elle a été rasée lors de la construction du métro dont les interminables escaliers, surchargés en permanence et surveillés par une matrone, montent et descendent trois fois plus vite qu'à Paris.

Le monde clos des cours

Au milieu de la place Saint-Isaac se trouve la statue de Nicolas Ier, le tsar autocrate qui fit canonner ici même les libéraux décabristes. Sa monture a beau se cabrer, il n'est qu'une pâle copie de son illustre prédécesseur. Au fond de la place, après avoir franchi la Moïka, premier des canaux concentriques, et passé devant le palais Marie, bien laid, aujourd'hui mairie (Marie était la fille aînée de Nicolas Ier), on pénètre dans un territoire étrange, une sorte de *no man's land* désert bien que surpeuplé, fait de rues vides, défoncées, de maisons délabrées. Aucune boutique, de rares voitures. Et, détail plus intrigant encore, aucune porte. D'énormes immeubles, de longues façades n'ont aucune porte sur la rue. Un seul porche, étroit et bas, donne accès à la cour, ou à la suite de cours, où se concentre la vie dans ces quartiers. Monde clos

et silencieux, malgré la densité des locataires. Erodées, effritées, presque en ruine, d'une mélancolie poignante et d'une poésie ineffable, ces cours servent de remises à des tacots, de parterres à une herbe souffreteuse.

Des chiens magnifiques errent dans ce paysage de désolation. C'est une source continue d'étonnement, que le nombre et la beauté de ces quadrupèdes. Jamais un bâtard ni un cabot. Seuls des animaux de race. La nuit, leurs maîtres les mènent courir sur la pelouse autour du Cavalier de bronze. Comment les nourrissent-ils, la viande étant hors de prix ? De bouillie de maïs. A quelle fin ? Pour le simple plaisir ? Est-il vrai qu'ils les revendent en Allemagne, en Turquie ? Toujours ce soupçon de perversité attaché à la ville ambiguë.

Faut-il imputer la misère de ces quartiers aux quelque soixante-dix ans de régime communiste ? En 1843 déjà, le journaliste et poète Nekrassov dénonçait dans sa *Physiologie de Saint-Pétersbourg* l'envers pauvre, humide, insalubre de la ville si brillante en apparence, les sous-sols ténébreux, les mansardes glacées, repaires du malheur et du crime. En 1863, même stupeur indignée de Tourgueniev, dans sa nouvelle *Apparitions*. Est-ce là notre Palmyre du Nord ? s'exclamait-

Les rares voitures privées sont garées dans les immenses cours, vides et défoncées, qui forment une sorte de ville intérieure, misérable et poétique, le plus souvent déserte malgré la densité des logis.

La plupart dénuées d'ornements, certaines riches de détails architecturaux (à gauche), les cours sont dans un état d'abandon lamentable. Chacune constitue un monde clos, qui ne s'ouvre sur la rue que par un porche juste assez large pour le passage d'une charrette ou d'une voiture. Au centre, une illustration pour *Crime et Châtiment* évoque la cour de la maison de l'usurière, et le porche par où se glissa l'assassin. Le roman de Dostoïevski se déroule dans les quartiers populaires dont les cours, microcosmes de la société et territoires du crime, fascinaient l'écrivain.

il, en évoquant les rues vides et grises, les maisons en plâtre écaillé, la chaussée déglinguée, l'odeur de poussière, de natte et de chou. A peu de chose près, ce qu'on constate aujourd'hui.

Le grenier de l'étudiant

En fait de sous-sols, de mansardes et de crimes, adressons-nous au plus illustre analyste de Saint-Pétersbourg, Dostoïevski. Il a situé dans cette ville l'action de *Crime et Châtiment*, et plus précisément, dans ce quartier qui s'étend entre le palais Marie et la place aux Foins. Le parcours de Raskolnikov, itinéraire au plus haut point excitant, est le meilleur fil d'Ariane dans ce labyrinthe maléfique.

Voici d'abord la rue Plekhanov, où le jeune homme avait logé sa mère et sa sœur débarquées de leur province. Puis la rue Grajdanskaïa. Sur la maison d'angle, une plaque indique le niveau atteint par la Néva le 7 novembre 1824. Celle qui de toutes les crues fut la plus désastreuse inspira le *Cavalier de bronze*. Pouchkine et Dostoïevski se trouvent ainsi réunis dans ce pâté de maisons, car dans l'immeuble à côté, au 19, Raskolnikov habitait sa mansarde. Il faut prendre l'escalier dans le premier coin à droite et monter au troisième (le quatrième pour les Russes, qui comptent le rez-de-chaussée pour un étage). Au troisième logeaient la propriétaire de la mansarde et la domestique Nastassia. Les fameuses quatorze marches que l'étudiant descend quand il sort pour

Pas de héros plus populaires que ceux de *Crime et Châtiment* : l'usurière assassinée, dont les traits crispés dénoncent l'avarice et la mesquinerie, et le jeune et bel étudiant Raskolnikov, homicide avec intention. « Cette vieille ladre, à quoi sert-elle sur terre ? Qu'importe à l'ordre du monde qu'elle soit vivante ou morte ? L'argent qu'elle serre dans sa commode, ne serait-il pas bien mieux utilisé s'il entrait en ma possession ? » Le jeune révolté, au cours de fiévreux monologues, pose la question de la légitimité du meurtre. L'opinion populaire n'a pas désavoué ce philosophe du crime. On le voit ici avec la hache qu'il dissimule avant de frapper chez la vieille. Cet assassin exemplaire, qui n'a pas cédé à la cupidité mais a tué par conviction idéologique, reste entouré d'un culte.

aller tuer la vieille, vont de la porte du grenier au palier du troisième. Les murs de chaque côté de ce court escalier sont couverts de graffitis, qui attestent l'extraordinaire vitalité posthume de l'assassin et l'ardente sympathie qu'il continue à soulever.

«Rodia, n'aie pas peur, c'est moi.» «Rodia, je te comprends.» «Rodia, tu n'as pas oublié la hache?» Dessin d'une hache. «Rodia, je sais où habite une autre vieille femme.»

Dostoïevski, peint par Perov en 1872, et une page du manuscrit de *Crime et Châtiment*, le premier de ses grands romans, écrit sur les lieux mêmes de l'action et publié en 1866. L'auteur avait quarante-cinq ans.

Saint-Isaac

La mansarde a disparu, mais on peut s'introduire dans le grenier et, de là, par une lucarne, monter sur le toit. Vue sur toute la ville, et en particulier sur l'opulent dôme doré de Saint-Isaac. Cette cathédrale, le plus grand monument religieux de Saint-Pétersbourg, la troisième des églises à coupole dans le monde, est une de ces attractions colossales qui intimident le

touriste plus qu'elles ne séduisent l'amateur. Faute de pouvoir dire qu'elle est belle, on cite ses dimensions, on vante ses perrons de marbre et ses colonnes monolithes. L'auteur de ce mastodonte ? Un Français, Auguste Ricard de Montferrand, qui arriva à Saint-Pétersbourg en 1817 et y resta jusqu'à sa mort, en 1858. Pendant quarante ans, cet élève du premier Empire travailla à construire la cathédrale, sur l'emplacement d'un sanctuaire commandé par Catherine II à l'Italien

La cathédrale Saint-Isaac, mastodonte construit sous Alexandre Ier par le Français Ricard de Montferrand, ne se distingue ni par la grâce ni par la légèreté. Dostoïevski haïssait ce symbole de la richesse et de l'ostentation ruineuse. Pour garder une idée moins défavorable de ce bâtiment, il faut monter sur les toits, à la rencontre des anges qui veillent sur la ville.

Antonio Rinaldi et détruit, hélas, sur l'ordre d'Alexandre Ier qui le jugeait trop modeste. Dommage que le résultat soit si décevant. Même sans monter sur le toit du grenier de Raskolnikov ni comparer ce dôme flamboyant aux galetas du quartier populaire, on peut se ranger à l'avis de Dostoïevski, qui trouvait la cathédrale froide, sans âme et surtout d'un luxe insultant pour la ville pauvre.

Sur les pas de Raskolnikov

En redescendant du logis de l'étudiant, on chercherait en vain, sous la voûte du porche d'entrée, la loge du concierge, avec les trois marches et le banc sous lequel il dénicha la hache. Cette partie a été murée.

Dans la rue Kaznatcheskaïa, parallèle à la rue Grajdanskaïa, au n° 7, maison d'angle

Raskolnikov (ci-dessus), dans sa mansarde, rumine le crime qu'il va commettre par héroïsme philosophique. A gauche, une vue du canal Griboïedov, qui s'appelait alors Catherine. La maison de l'usurière était le long du canal, lieu de promenade préféré de l'écrivain, où il a situé mainte scène de roman, avec une prédilection pour les ponts. De tous les canaux, c'est le plus poétique et le plus riche de souvenirs littéraires. Griboïedov (1795-1829), le fondateur de la comédie russe, qu'on a comparé à Molière, habitait au n° 104.

où le romancier écrivit *Crime et Châtiment*, au premier étage. Il choisissait toujours pour y habiter une maison d'angle, à la fois observatoire sur plusieurs rues, et emblème religieux de la croix.

Raskolnikov prit la rue Prjevalski, franchit le canal Griboïedov (alors appelé Catherine), tourna à droite dans la rue Sadovaïa et longea le jardin du palais Youssoupov, qu'il ne faut pas confondre avec l'hôtel

Youssoupov sur la Moïka. Le jardin garde des restes splendides, une pelouse couverte de lilas où les chiens de race ont remplacé les seigneurs abolis. Au fond, le palais, jaune à colonnes blanches, est fort décati. Sa façade donne sur le troisième canal, la Fontanka, nommé ainsi parce qu'il alimente les fontaines du Jardin d'été.

Après ce bref aperçu du faste aristocratique, l'étudiant se replongea dans le quartier populaire, par la rue dite aujourd'hui Rimski-Korsakov, et arriva, au coin du canal Catherine, devant une maison qui, singularité unique à Saint-Pétersbourg, donne sur trois rues. La cour a deux porches, un derrière, sur la rue Podjaceskaïa, l'autre, devant, sur le canal. C'était la maison de l'usurière, avec ses deux issues propices aux desseins d'un criminel. Raskolnikov entra par la rue de derrière et ressortit, après son double forfait, par le canal. Un char à foin obstruait l'étroit porche d'entrée : atout supplémentaire pour l'assassin, qui put se glisser dans la cour sans être vu.

L'immeuble où habitait la vieille renferme une seconde cour, très étroite et sombre, dite cour-puits, semblable à celle où se jette de la fenêtre Douce, l'inoubliable héroïne de la nouvelle homonyme (*Krotkaïa*). Le canal tire son nom actuel du grand auteur comique Griboïedov (*Le malheur d'avoir trop d'esprit*) qui habitait (n° 104 du quai) le même immeuble que l'usurière.

L'action des *Nuits blanches*, roman de jeunesse de Dostoïevski, se déroule sur les bords des canaux, par les nuits d'été où le soleil dispense sa laiteuse clarté (à gauche). Le peintre Ilia Glazounov a représenté Dostoïevski devant l'église Saint-Nicolas-des-Marins, en jouant sur le contraste entre la sérénité du décor aquatique et la figure tourmentée de l'écrivain (ci-dessus).

L'hôtel Youssoupov

Nouvelle embardée du côté des riches, vers l'hôtel Youssoupov, sur la Moïka, mais nous restons toujours dans le crime et le sang, puisque c'est là, dans une pièce du sous-sol, que le jeune prince Félix, en décembre 1916, assassina Raspoutine, l'enjôleur de la tsarine. Il l'avait invité, sous le prétexte de présenter une femme à ce moine plus paillard que dévot, dans la chambre voûtée où il avait l'habitude de réunir ses amis – un prince, à cette époque, ne pouvant boire en public. Raspoutine entra par une porte dérobée. Félix lui servit du madère et des biscuits au cyanure. Aucun résultat. Le jeune homme monta à l'étage prendre l'avis des conjurés. Ils lui conseillèrent de tirer sur le moine. Raspoutine s'écroula.

“Il traversa ainsi tout Vassilievski Ostrov, déboucha devant la petite Néva, passa le pont et arriva aux îles. La verdure et la fraîcheur du paysage réjouirent d'abord ses yeux las, habitués à la poussière des rues, à la chaux, aux immenses maisons écrasantes. L'air ici n'était plus étouffant, ni puant ; on n'y voyait point de cabaret. Mais bientôt [...], un agacement maladif le reprit.”

Dostoïevski, *Crime et Châtiment*

Venise ou Amsterdam?

Le plus grand des trois canaux concentriques, la Fontanka, servait à la navigation. A l'origine, il n'y avait pas de quais, et les rives restaient à la merci des inondations. C'est Catherine II qui les fit revêtir de quais en granit. Beaucoup de palais sont alignés sur la Fontanka, Youssoupov, Cheremetev... Le canal n'est plus guère utilisé aujourd'hui mais les quais restent un lieu de promenades et de rencontres. Les canaux jouent un rôle fondamental dans la mythologie littéraire de Saint-Pétersbourg. Les héros de Dostoïevski (*Crime et Châtiment*, *Les Nuits blanches*) comme ceux d'André Biely (*Pétersbourg*) arpentent fièvreusement ces quais. La nuit, ils sont déserts, et c'est le moment de leur plus grande magie, à laquelle concourent les ponts disséminés sur leur parcours, ornés de tourelles ou de lions, de sphinx ou de chevaux avec leurs dompteurs. Rien de plus stimulant pour l'imagination que de flâner au bord de l'eau, dans ce décor où les images de la vie familière se superposent aux majestueuses façades.

Palais Youssoupov, sur la Moïka : le superbe blason de la famille, sur le porche ; le salon rouge, dans la rotonde néo-classique agencée par Vallin de la Mothe. Chaque meuble est une pièce unique.

Un des conjurés, médecin militaire, avait à peine constaté la mort, que le géant se releva. Il tenta d'étrangler le prince puis se sauva par le jardin.

Félix et ses amis le rejoignirent, l'achevèrent à coups de candélabre puis jetèrent dans le canal, sous la glace, le corps de celui qui exerçait sur la cour une influence controversée. La police retrouva le cadavre. L'eau qui gonflait ses poumons prouva qu'il respirait encore lorsqu'on le noya. Les souvenirs de leur histoire reviennent à toute allure aux Russes. Le palais était devenu la Maison des Enseignants. Interdiction – avant la perestroïka – d'évoquer ce meurtre, les faits individuels étant jugés sans importance, en regard des événements collectifs.

L'exploit du jeune Félix avait disparu des mémoires. Aujourd'hui, devenu musée, l'hôtel Youssoupov ouvre ses portes au public. C'est une splendide demeure néo-classique, construite par le Français Vallin de La Mothe en 1760 pour une famille qui passait pour plus riche que les Romanov eux-mêmes. Le lieu du crime n'est pas la partie la plus intéressante du palais, qui stupéfie par son luxe inouï, son escalier orné de sphinges, l'enfilade de ses salons immenses, son théâtre à l'italienne rajouté en 1860, son mobilier extravagant. Il y a un salon jaune, avec une cheminée en malachite verte et des meubles en bouleau doré rehaussés de ferrures de cuivre, un salon bleu tendu de soieries de Chine, un salon rouge. Félix recevait ses hôtes européens dans les appartements néo-classiques, ses hôtes orientaux dans une copie de mosquée tout en marbre et en plafonds de dentelle.

Rien ne peut donner une meilleure image du faste de la société russe au début du siècle qu'une promenade dans ce palais. Qu'ils sont chétifs, en comparaison, les hôtels parisiens ! On a accroché des croûtes dans les interminables couloirs et galeries, mais il faut se rappeler que la collection Youssoupov, avant d'être nationalisée et transportée à l'Ermitage, comptait un portrait de femme par Lotto, cinq Tiepolo, deux Rembrandt, cinq Lorrain sublimes, huit Boucher, dix-huit Greuze, un Gros, trois Guérin et l'étonnant *Sapho, Phaon et l'Amour* de David, tableau d'une frigidité surréaliste.

Le prince Félix Youssoupov, un adolescent encore, aussi beau que brave, lorsqu'il réussit à tuer l'équivoque moine Raspoutine, âme damnée de la tsarine, dont il prétendait guérir le jeune fils hémophile. Félix avait préparé pour son hôte une collation empoisonnée, scène qu'on a reconstituée dans le sous-sol du palais, à l'endroit précis du crime. Le poison n'eut guère d'effet sur le colosse barbu, il fallut l'achever à coups de pistolet et de candélabre.

La place aux Foins, telle qu'elle était autrefois, devant l'église rasée par les communistes. Le pavillon néo-classique, à gauche, est toujours debout. Il servait d'octroi et, accessoirement, de prison. Les maisons en bois des marchands sont remplacées aujourd'hui par les *larioks*, sorte de kiosques en tôle beaucoup moins charmants. Mais l'animation est toujours la même, toujours aussi tumultueuse et anarchique, dans ce quartier où se concentrent les petits commerces plus ou moins licites.

Les petits commerces

Sennaia, place aux Foins, ex-Mira (de la Paix), c'est l'épicentre du quartier populaire, l'ancienne Halle, le ventre chaud et puant de Saint-Pétersbourg, place fort malmenée depuis l'époque où Raskolnikov se prosternait pour en baiser le sol, où l'Idiot y achetait sa croix à un soldat ivre. On voit toujours le petit pavillon néo-classique où Dostoïevski fut incarcéré en 1873 pendant quarante-huit heures, le temps de lire *Les Misérables*, mais l'église de l'Assomption a disparu, sacrifiée au métro.

Extraordinaire animation. On vend de tout, dans de minuscules kiosques appelés *larioks*, y compris de l'amaretto français, fabriqué à Perpignan ! Commerces privés,

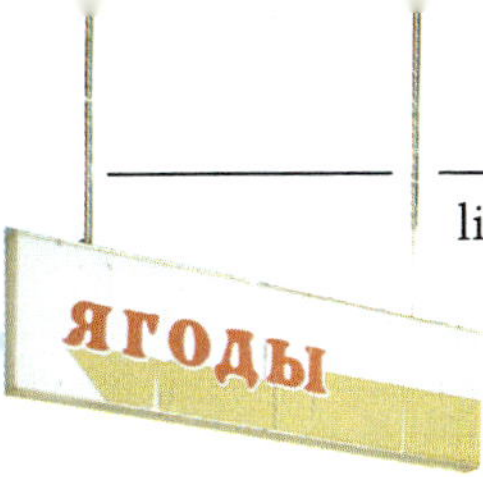

libres, improvisés. Ne pas croire que la misère post-communiste a engendré ce négoce informel et précaire. Là encore, ce n'est qu'un retour de l'anarchie momentanément proscrite. Au cinquième chapitre de *Crime et Châtiment* sont déjà évoqués les articles de mercerie étalés en plein air sur des tables, les cabarets en sous-sol d'où monte une odeur nauséabonde, et, au deuxième chapitre, les petites boutiques

d'alimentation, également dans des caves, qui exhalent des relents non moins infects. Rien n'a changé, apparemment, ni les étalages de concombres et de poissons secs, ni la saleté gluante des comptoirs souterrains. Sur la place, les mêmes colporteurs loqueteux poursuivent leurs trafics louches, les mêmes joueurs d'orgue ambulants poussent leur machine asthmatique, les mêmes enfants en guenilles mendient.

Derrière la place, au début de l'avenue de Moscou, autre face du commerce pétersbourgeois : un des marchés kolkhoziens de la ville. Les paysans des kolkhozes ayant le droit de garder pour eux une partie de la récolte, ils viennent la vendre ici. A des prix exorbitants. Abondance de fruits et de légumes, qui manquent dans les magasins d'Etat. Mais

Le marché kolkhozien de la station de métro Maïakovskaïa est le mieux fourni (ci-dessous). Netteté, propreté, tabliers blancs, fruits en abondance et disposés avec art. Hélas ! les vendeuses ont beau sourire derrière leurs étalages polychromes, les piles restent intactes. Les marchés kolkhoziens sont privés, les paysans fixent les prix à leur guise. Un kilo de ces belles pommes rouges engloutirait le cinquième d'un salaire mensuel moyen. Dans les magasins d'Etat, les denrées sont vendues à des prix modiques et, pour cette raison, n'abondent pas. Fruits et légumes, surtout, manquent presque totalement.

Les petits métiers de Saint-Pétersbourg : la laitière, tirant son traîneau sur la neige, le marchand d'œufs de Pâques, le fleuriste, avec son chargement sur la tête. La rue Sadovaïa (à droite) a toujours eu une vocation commerçante. Mais à la place des marchands ambulants, qui encombraient jadis la chaussée, on voit de nos jours de longues files de camelots improvisés, alignés au bord des trottoirs, qui cherchent à se débarrasser d'articles domestiques contre une poignée de roubles. Le contraste est saisissant, entre cette foule dépenaillée et l'immuable noblesse du décor. L'institut des Finances, style Empire, dont on voit les deux pavillons de la façade postérieure, s'ouvre de l'autre côté sur le canal Griboïedov par une façade convexe, en face du pont aux Griffons, dit pont de la Banque.

inabordable. Devant les monceaux de pommes, de tomates, de cerises, presque aucun client. Ne trouvent preneurs que les pommes de terre.

Rue Sadovaïa

Sur le trottoir, en sortant de la place aux Foins, devant les boutiques en sous-sol de la rue Sadovaïa, de longues files d'hommes et de femmes passent la journée debout, à essayer de vendre quelque vêtement, pièce de vaisselle ou babiole en leur possession. C'est le troisième commerce, celui de la survie. Ils se tiennent immobiles, l'un à côté de l'autre, sans crier, sans parler, un seul objet à la main, qu'ils serrent sur leur cœur comme une relique : flacon de parfum, chaussure, sac de bonbons, verre, blouson, paire de lunettes noires, livre, hareng, robinet, bague, lampe, tasse.

Spectacle qu'on retrouve dans d'autres rues, par exemple Jeliabov, au coin de la perspective Nevski. Spectacle doublement pathétique, parce qu'il faut être à bout de ressources pour espérer tirer profit de ces bricoles non moins chétives que vétustes, et parce que, le commerce et les commerçants étant méprisés en Russie, ils ont honte de faire les camelots. Ce qui à Naples donnerait lieu à une tapageuse gesticulation de charlatans se réduit ici à une morne parade silencieuse.

En continuant la rue Sadovaïa et en prenant à droite la rue Apraksine, on tombe sur un autre marché, celui-là en dehors de toute règle et discipline. La foule se presse dans un damier de boyaux boueux. Après le secteur des pièces de rechange pour autos, étalées sur le capot de guimbardes préhistoriques, on pénètre dans une sorte de bazar oriental. Partout, déballées sur des bancs ou des caisses, les marchandises les plus hétéroclites, de la douzaine de sprats couchés sur un bout de papier à la tranche de pain nue, du téléphone à touches au tuyau d'arrosage. L'amaretto (encore), cette fois italien, se vend par caisses de douze bouteilles. Et des cigarettes, des kiwis, de la vodka, des pots d'échappement, pêle-mêle au milieu de la cohue. Le commerce des vêtements se fait dans une longue allée bâchée, exiguë, où il est presque impossible d'avancer entre deux rangées de hardes. Un véritable souk, la revanche de Byzance sur la rationalité économique, la vengeance de l'Asie sur Pierre le Grand.

La rue Sadovaïa longe ensuite le palais Vorontsov, de Rastrelli. De jeunes garçons en uniforme se prélassent dans le jardin, derrière les grilles, élèves bien

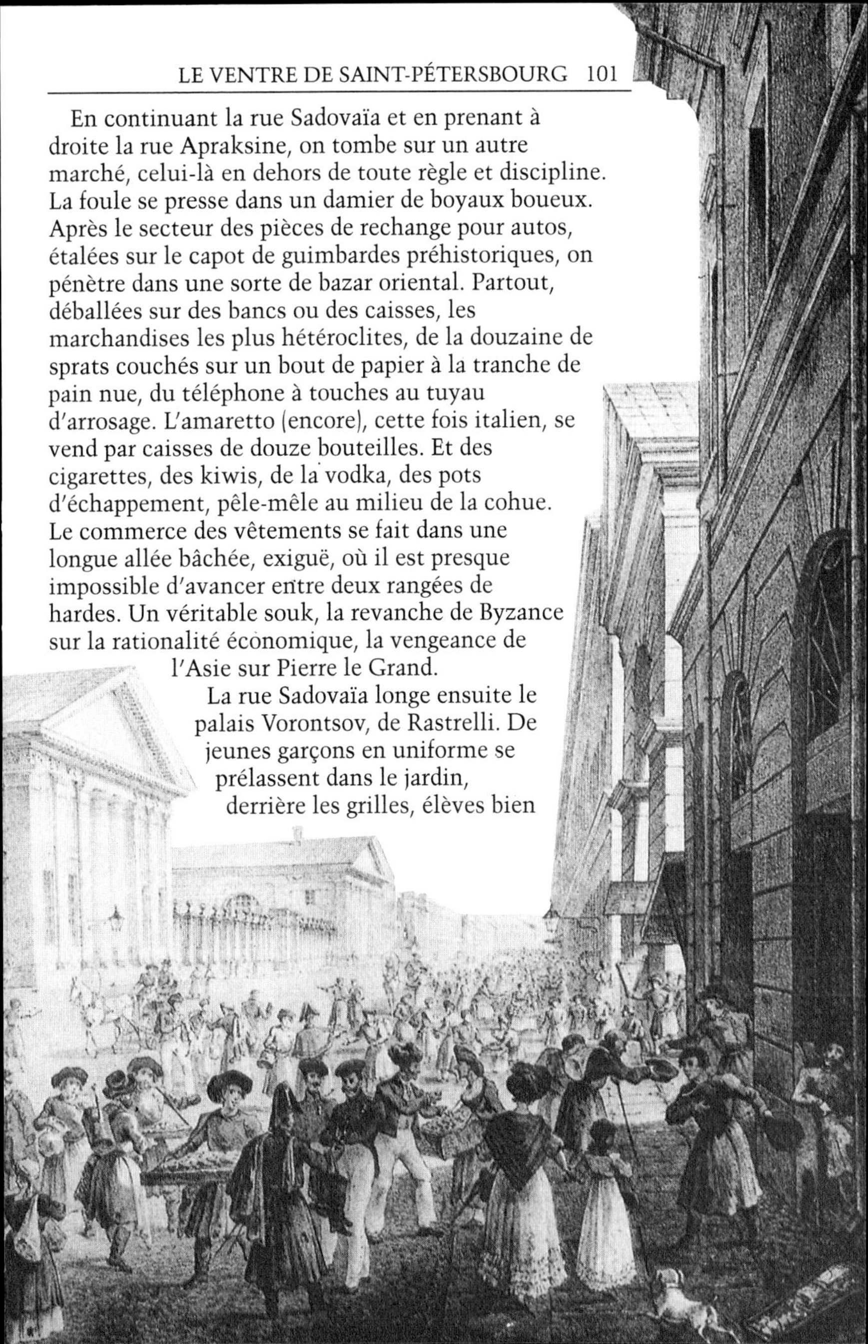

Новый
Петербургъ
Сув. уч.
Сув. уч.
ПОЖАРН: СИГНАЛЫ.

Sur ce plan de 1903, se dessine le centre historique tel qu'il n'a pas changé depuis. A gauche, l'île Basile, avec ses rues en damier (les *lignes*), vestiges des canaux d'origine, et l'immense cimetière de Smolensk. Derrière l'îlot de la forteresse Pierre-et-Paul, l'île de Petrograd, quartier ouvrier. Au-delà, à gauche, l'île de la Croix (Krestovski Ostrov), agrémentée aujourd'hui de l'énorme stade Dynamo. Tout en haut, la partie inférieure de l'île Elaguine, convertie en parc d'attractions. Dans le quartier de Vyborg, en haut à droite, on reconnaît la gare de Finlande, que rendra célèbre l'épopée léninienne. La ville s'est principalement développée sur la terre ferme, rive gauche, autour des trois canaux concentriques, la Fontanka, le plus extérieur, le plus droit et le plus large, sorte de boulevard de ceinture, les deux autres, Moïka et Griboïedov, plus sinueux et étroits. Deux taches sombres dans la boucle de la Néva signalent les jardins du palais de Tauride et de l'institut Smolny. La perspective Nevski est bien visible, surtout dans sa première partie, avant la bifurcation vers la laure Saint-Alexandre-Nevski.

peu martiaux de l'Académie militaire logée dans le palais. Avachis sur les bancs, cuvent-ils la déroute de l'Armée rouge ? En face, arcades du Gostiny Dvor, gigantesque et très beau magasin construit à la fin du XVIIIe siècle par Vallin de La Mothe. En forme de trapèze, il développe plus d'un kilomètre de façades, dont l'une borde la perspective Nevski, et reçoit chaque jour trois cent mille clients. La boutique Babylon, après le palais Vorontsov, est au contraire une émanation récente du commerce privé : queue à l'entrée, on filtre les visiteurs, gros succès de mode.

Un verre de thé, une horloge

Impossible de quitter Dostoïevski sans un pèlerinage à l'appartement où il a écrit *Les Frères Karamazov*. Dans une maison d'angle,

Au croisement de la rue Sadovaïa et de la rue Gorokhovaïa. Dostoïevski aimait ce carrefour, toujours animé, aujourd'hui comme autrefois. Le bâtiment d'angle, un immeuble de rapport des années 1780, qui forme une gigantesque équerre, donne une idée des proportions de l'architecture pétersbourgeoise.

bien sûr, 5 Kouznetchny Pereoulok, en face de l'église Saint-Vladimir.

On a reconstitué le mobilier du romancier, dans le style pesant des années 1880, une grande table à tapis vert, un canapé de repos, et poussé la piété jusqu'à placer sur le bureau une soucoupe avec le verre de thé et la petite cuiller. Peu de livres, à part les œuvres de Pouchkine derrière une vitrine. Une reproduction de la Madone Sixtine de Raphaël au-dessus du canapé. Près de l'entrée, la chambre des enfants. Un salon et une salle à manger séparent la chambre du mari de celle d'Anna Grigorievna. C'est une coutume en Russie que chacun des époux ait son quartier séparé. On observe déjà cet usage au palais Menchikov. Dostoïevski écrivait de onze heures du soir jusqu'à l'aube, puis dormait jusqu'à treize heures sur son canapé. Il n'y avait pas de chambre conjugale, pas de lit conjugal.

Le romancier est mort dans cet appartement, le 28 janvier 1881. L'horloge du bureau est arrêtée à l'heure de sa mort, 8 h 38 du soir.

Au 64 de la rue Gorokhovaïa habitait Raspoutine. Kessel, dans *Les Rois aveugles*, évoque l'antichambre du moine envahie de solliciteurs. A-t-il été assassiné pour ses débauches ? Ou, comme Jaurès, lui a-t-on fait payer sa politique pacifiste ? Cherchait-il, avec l'appui de la tsarine allemande, à conclure une paix séparée avec l'Allemagne ? Une énigme de l'histoire, encore non résolue.

Ville de pierre et d'eau, propice aux dérives sans but, en même temps riche d'une des plus grandes civilisations du monde, Saint-Pétersbourg tantôt presse le visiteur d'explorer tous les trésors qu'elle renferme, tantôt l'invite à savourer sans programme les surprises de la flânerie. Un perpétuel déchirement, entre le désir de savoir et le plaisir d'ignorer.

CHAPITRE V
POÉSIE ET VÉRITÉ

Du croiseur *Aurora*, ancré dans le fleuve, partit la Révolution de 1917. On a gardé le navire à quai, comme symbole de l'ère nouvelle. Après la mort de Lénine, il fut décoré du portrait du dictateur, timonier suprême de l'Etat.

En compagnie des poètes

Nos meilleurs guides, en fin de compte. Si vous ne pouvez faire le voyage de Saint-Pétersbourg, écoutez, chantés par Galina Vichnevskaïa, les *Sept Poèmes d'Alexandre Blok* de Chostakovitch. Rien ne saurait mieux suggérer le climat de l'ancienne capitale que ces chants d'une mélancolie torturée : scintillement des lampadaires dans la brume, chimères azurées de l'aube, nuits de pluie et de tempête, songes sinistres et pressentiments mystérieux, mêlés à la plainte du violoncelle et aux stridences passionnées du violon.

Alexandre Blok, né et mort à Saint-Pétersbourg, habitait un grand appartement derrière la Nouvelle-Hollande, qu'on a transformé en musée. Les communistes ont essayé d'annexer ce poète symboliste, en feignant d'ignorer qu'il n'a célébré la révolution d'Octobre que parce qu'il y voyait, selon la remarque de Georges Nivat, «une révolution de l'esprit qui dépassait de beaucoup l'événement politique». *Les Douze*, son poème le plus connu, évoque l'expédition de douze soldats qui, précédés d'un Christ invisible, molestent les bourgeois dans les rues de Saint-Pétersbourg. Or, Blok était lui-même un bourgeois, les belles pièces de son appartement, le mobilier cossu, le piano de sa

Le 9 janvier 1905, suite aux défaites de la Russie devant le Japon et à la chute du prestige impérial, mais d'abord à cause de la misère croissante et des difficultés économiques, une foule de 150 000 ouvriers envahit la place du Palais. Hommes, femmes et enfants marchaient en procession, portant des bannières, des icônes et des portraits du tsar. Ils ne venaient pas pour renverser l'empereur, mais pour réclamer du pain. Nicolas II répondit aux vœux de son peuple par un carnage qui transforma la manifestation pacifique en symbole pré-révolutionnaire : le «Dimanche rouge» (à gauche, une peinture de Vladimirov). Les soldats tirèrent dans la foule : des centaines de victimes jonchèrent le pavé. Douze ans après, ce fut la Révolution. Février 1917 : grèves et émeutes entraînèrent l'abdication du tsar. Octobre 1917, après le retour de Lénine, soldats, marins et ouvriers donnèrent l'assaut au Palais d'hiver, où siégeait le gouvernement provisoire. A droite, une image tirée du film *Octobre* d'Eisenstein, qui raconte, dans un style épique et incantatoire, la prise du pouvoir par les bolcheviks.

femme, une actrice de théâtre, en témoignent. Son poème est un appel au renouvellement de la société russe, non par le remue-ménage prolétarien, mais par l'illumination mystique. Greffier dans la commission d'enquête sur les crimes du gouvernement tsariste, cet écrivain génial aux idées confuses crut découvrir en Raspoutine un représentant authentique de l'esprit populaire, qui méritait la sympathie. Persuadé du déclin irrémédiable de l'Occident, mais amèrement déçu par Lénine, il se laissa mourir, en 1921, dans cet appartement de la rue des Décabristes. Nina Berberova veilla près du lit funèbre et, avec Biely, suivit le corbillard jusqu'au cimetière de Smolensk, dans l'île Basile.

Le grand poète symboliste Alexandre Blok (en bas, à gauche), s'enthousiasma pour la Révolution avant de s'apercevoir qu'elle était incompatible avec son propre idéal. L'appartement du poète, 57 rue Dekabristov, a été transformé en musée.

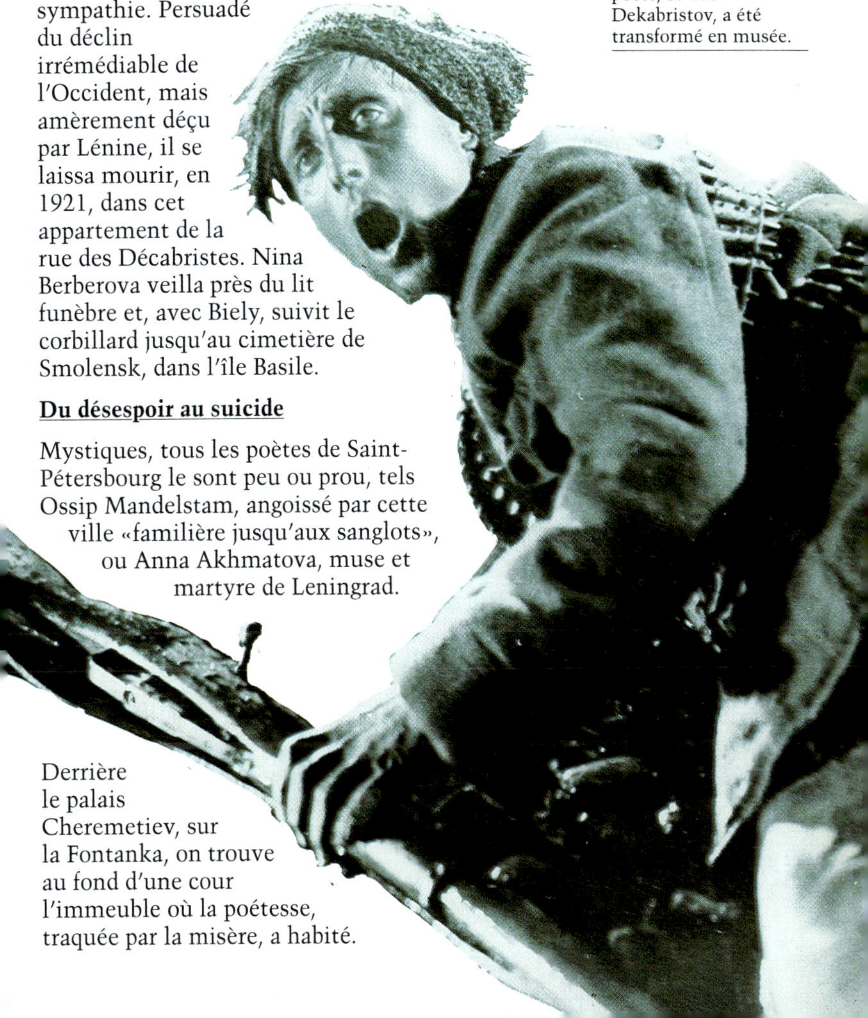

Du désespoir au suicide

Mystiques, tous les poètes de Saint-Pétersbourg le sont peu ou prou, tels Ossip Mandelstam, angoissé par cette ville «familière jusqu'aux sanglots», ou Anna Akhmatova, muse et martyre de Leningrad.

Derrière le palais Cheremetiev, sur la Fontanka, on trouve au fond d'une cour l'immeuble où la poétesse, traquée par la misère, a habité.

La chute des palais

Scènes de la révolution de 1917. En haut, à gauche, une photographie prise en juillet : les troupes contre-révolutionnaires déclenchent une fusillade contre une manifestation d'ouvriers, de soldats et de matelots qui s'en prenaient au Gouvernement provisoire en réclamant «tout le pouvoir aux Soviets !» Certaines séquences du film *Octobre*, d'Eisenstein, semblent avoir été copiées sur cette image de la foule en fuite devant Gostiny Dvor, au coin de la perspective Nevski. En bas, à gauche, une voiture à l'assaut du Palais d'hiver et, après la prise de la résidence impériale (où Nicolas II, réfugié à Tsarskoïe Selo, n'habitait plus depuis 1905), le bureau du tsar saccagé. A droite, le peintre Serov a représenté deux soldats de garde dans l'escalier de la somptueuse demeure impériale. L'épopée a commencé par nourrir l'imaginaire des poètes, des peintres et des cinéastes, avant de se transformer, avec l'arrivée de Staline au pouvoir et l'étranglement des libertés, en Grande Illusion et Maximale Imposture.

Lénine sous les ors impériaux

L'histoire s'est amusée à tourner en dérision Catherine II lorsqu'en août 1917 le soviet des ouvriers et des soldats de Petrograd vint siéger dans les salles de l'institut Smolny, édifice néo-classique construit pour servir de pensionnat des jeunes filles de la noblesse. Les gardes s'entraînaient dans le jardin, préparant l'insurrection d'Octobre. Lénine haranguait ses troupes sous les lustres et parmi le mobilier de l'époque impériale. D'anciens écriteaux, «salle d'études», «chapelle», «bureau de la surveillante», rappelaient tout ce que la véhémence de l'orateur était en train de balayer. Le 26 octobre, dans la salle des fêtes, il annonça que ses amis et lui prenaient le pouvoir. Eisenstein a décrit, dans *Octobre*, l'invraisemblable campement qu'était devenu l'institut : les délégués des usines, des casernes et des campagnes affluaient, on dormait par terre, l'enthousiasme et le défoulement des énergies s'apprêtaient à soulever le monde. Lénine résida ici d'octobre 1917 à mars 1918, avant le départ du gouvernement pour Moscou.

Tantôt une pièce tantôt une autre d'un appartement communautaire. On a rassemblé là une sorte de mémorial des années tragiques. Staline, par haine de la ville impériale, en décapita l'intelligentsia. «Vivre à Pétersbourg, c'est dormir dans un cercueil», murmurait Mandelstam. Certains des poèmes d'Akhmatova, pour déjouer la censure, étaient gravés dans de l'écorce de bouleau. Aucun pathos dans ces vers nus : «Mari en terre, fils en prison. / Priez pour moi, priez donc.»

Une pièce non meublée et noire évoque la composition du *Requiem*, où elle a célébré toutes les victimes de la terreur. «Ce noir malheur fait ployer les monts, / Et de couler le grand fleuve cesse; / Mais toujours solides les prisons, / Avec le bagne pour horizon / Et l'insondable détresse.» Akhmatova possédait un exemplaire bilingue du *Paradis* de Dante. Sur son bureau, on remarque un volume de Leopardi, qui porte en exergue trois vers de ce *Paradis* : «J'ai vu durant l'hiver le buisson / Se montrer d'abord roide et sauvage / Et puis porter la rose sur sa cime.» La poétesse, «moitié nonne, moitié putain», selon le sinistre Jdanov, est morte à Leningrad en 1966, avant d'avoir vu poindre la moindre fleur dans le désert de sa vie dévastée.

Un autre poète, qui n'était pas de Saint-Pétersbourg mais vint y mourir, est vénéré par les habitants. Serge Essenine commença lui aussi par se

Deux grands poètes de Saint-Pétersbourg. Ossip Mandelstam (à gauche), arrêté et déporté une première fois en 1933, une seconde fois en 1937, mourut en Sibérie, dans un wagon de transit. Sa femme Nadejda a laissé sous le titre *Contre tout espoir* le bouleversant témoignage de ces années tragiques. Anna Akhmatova (à droite), une des plus grandes poétesses de ce siècle, fut en butte à la haine constante du pouvoir. Son premier mari fut fusillé, leur fils arrêté, son troisième mari mourut dans un camp, ses œuvres interdites de publication. Elles n'ont survécu que parce qu'elle-même et ses amis les apprenaient par cœur et les faisaient circuler clandestinement.

rallier à la Révolution, avant le désenchantement et le désespoir. Quand il venait de Moscou, il descendait à l'hôtel d'Angleterre, et c'est là qu'il se suicida, le 27 décembre 1925. L'hôtel d'Angleterre et l'hôtel Astoria, contigu, où Hitler avait juré de banqueter après la prise de la ville, bordent la place Saint-Isaac. Il y a quelques années, les autorités décidèrent de raser l'hôtel d'Angleterre. Des milliers de gens accoururent pour s'opposer à la démolition de l'édifice où un de leurs poètes préférés avait séjourné. Ce fut la première protestation publique contre le pouvoir, l'ébauche de la glasnost, le début de la révolte, rendu possible parce que le motif n'en était pas ouvertement politique. L'hôtel fut démoli, mais ensuite, grâce à la pression populaire, reconstruit à l'identique.

Comment un rejeton d'une des plus riches familles de Saint-Pétersbourg aurait-il pu s'accommoder de la Révolution ? Le petit Vladimir Nabokov (ci-dessous), dès l'âge de huit ans, collectionnait les papillons. Tout n'était déjà qu'élégance physique et curiosité d'esprit chez le jeune garçon qui irait écrire ses livres en Europe et aux Etats-Unis. Il quitta avec ses parents sa ville natale en novembre 1917, pour la Crimée d'où il partit en 1919 pour l'exil définitif en Occident.

De Diderot à Nabokov

Plusieurs écrivains ont vécu dans ce quartier de l'Astoria. Le palais Miatlev, en face de l'hôtel, hébergea Diderot. La rue Gogol, qui part du coin de l'hôtel d'Angleterre, eut pour hôtes Gogol (n° 17) et Dostoïevski (n° 23). Tchaïkovski mourut au 17. De l'autre côté de la place Saint-Isaac, Vladimir Nabokov est né, le 23 avril 1899, au 47 de la rue qui s'appelait alors

Morskaïa et passait pour la plus élégante de la ville. C'est aujourd'hui, sous le nom de Herzen, une des plus délabrées et tristes. Au 43, l'hôtel du prince de Lieven, ancienne ambassade d'Italie, se signale par six splendides atlantes, tous différents, un jeune imberbe, deux vieillards barbus, deux jeunes femmes aux seins nus, un Hercule à la peau de lion. Nabokov, le dernier des grands Pétersbourgeois, était si imbu de la cité impériale qu'il ne se rendit jamais à Moscou, par mépris des Moscovites «et autres provinciaux russes». De même que, en Sicile, les Lampedusa partageaient leur temps entre Palerme et Donnafugata, les Nabokov habitaient Saint-Pétersbourg l'hiver et se transportaient l'été dans leur domaine de Vyra, à quatre-vingts kilomètres au sud. L'histoire, dans son cours avisé, retarda la Révolution pour permettre à un jeune garçon de grandir au milieu de privilèges qui feraient de lui le plus original prosateur russe du siècle.

Quand il eut deux ans, ses parents ajoutèrent un étage et un oriel à leur hôtel italianisant de la rue Morskaïa, firent revêtir de granit rose la façade, habiller de fresques florales le dessus des fenêtres du troisième étage et forger pour l'entablement une rambarde Art nouveau. Décor luxuriant, pour celui qui n'aurait pas trouvé dans la froideur et la régularité de la ville néo-classique le stimulant nécessaire à sa fantaisie. Ne peut-on supposer qu'il puisa dans

L'aile gauche de l'hémicycle de Carlo Rossi, vue du canal de la Moïka, devant la maison de Pouchkine. En tournant à droite, après la maison d'angle, on arriverait au petit canal qui va se jeter dans la Néva, au coin du théâtre de l'Ermitage (en haut, à gauche).

Le pont de la Banque, qui enjambe le canal Griboïedov, est un pont piétonnier suspendu. Il a été construit par Tretter en 1825. Les griffons aux ailes dorées – œuvre de Pavel Sokolov – tiennent dans leur gueule les câbles de soutien. Les ponts sont un des charmes de Saint-Pétersbourg, ornés d'animaux fantastiques (griffons), exotiques (lions) ou baroques, tels les chevaux du pont Anitchkov. Sculptés par le baron Clodt vers 1840, ceux-ci perpétuent en plein XIXe siècle le style des chevaux de Marly.

l'opulente parure du logis familial le premier encouragement à la virtuosité langagière ?

Presque en face, l'ancien hôtel du comte Solovtsev (n° 52) est devenu un restaurant, meilleure occasion de prendre un aperçu d'un intérieur aristocratique que de déguster un bon repas.

Haute salle carrée, sombre, entièrement recouverte, sur les murs et au plafond, de boiseries et de cuir de Cordoue. Le restaurant, pourtant un des moins mauvais, est tantôt passable tantôt exécrable. Il n'y a pas de carte; un seul menu, mais il faut batailler pour se le faire servir jusqu'au bout.

Débauche lactée

Pont aux Lions sur le canal Griboïedov, pont aux Griffons derrière Notre-Dame de Kazan, pont aux Chevaux sur la Fontanka. Quatre dompteurs, superbes athlètes nus, maîtrisent de fougueux quadrupèdes aux quatre coins de ce pont. Peter Clodt les a fondus dans le bronze vers 1840, à l'exemple des

A deux heures du matin, les ponts du fleuve s'ouvrent, les deux moitiés se séparent et se soulèvent à la verticale pour laisser passer les navires qui remontent du port vers le lac Ladoga (ci-dessous, l'un des sept ponts qui permettent de traverser la Néva). Par les nuits blanches, le spectacle est féerique.

chevaux de Marly. Il n'a pas eu besoin d'aller à Paris pour voir les originaux, car le musée de l'Ermitage possède deux modèles réduits de Coustou.

Dès le début juin, le soleil se couche à peine et très tard. A onze heures, à minuit, la ville reste enveloppée d'une lueur laiteuse qui supprime les ombres mais verse un jour distinct. Une sorte de folie saisit les habitants. Ils se répandent dans les rues et se promènent une partie de la

nuit. Les plus saisis par cette débauche lactée attendent deux heures du matin au bord de la Néva. A ce moment précis, sans jamais une minute de retard, le premier pont, du côté de la mer, se fend en deux moitiés qui se soulèvent et se dressent à la verticale pour laisser passer les bateaux remontant du golfe de Finlande vers le lac Ladoga. Ce premier pont s'appelle aujourd'hui du Lieutenant-Schmidt, on espère qu'il reprendra son ancien nom, Nicolas, sous lequel Dostoïevski l'a immortalisé. Raskolnikov, en revenant de voir son ami Rasoumikhine dans l'île Basile, s'arrête au milieu du pont Nicolas, devant le panorama merveilleux qui apaise son angoisse.

Autant les ponts sur la Néva découragent par leur longueur et incitent à les traverser en tramway, autant les ponts de canaux sont courts et d'un romantisme familier.

Après le pont Nicolas, le pont du Palais s'entrouvre et se lève, puis les deux autres en amont. Même s'il est improbable qu'une charrette reste accrochée à une des moitiés et qu'un cheval pende dans le vide, image inoubliable d'Eisenstein dans *Octobre*, le spectacle est fascinant. Des projecteurs illuminent les deux bras tandis qu'ils s'écartent et montent vers le ciel. Les bateaux, en file indienne, s'avancent sans bruit et glissent contre les palais. Des cargos, des pétroliers, ombres noires sur les façades opalines. Les châteaux arrière atteignent presque les toits. La rive n'est pas éclairée, sinon de cette clarté lunaire. Un réverbère unique, au coin du palais Menchikov, jette un halo blafard. Fantômes de navires dans un paysage irréel.

Le célèbre danseur et chorégraphe marseillais Marius Petipa (1822-1910) fit toute sa carrière dans la capitale des tsars. Il est enterré dans le cimetière des musiciens (à gauche). Maître de ballet en 1859, c'est lui qui commanda à Tchaïkovski *La Belle au bois dormant* et ouvrit la voie à la révolution des Ballets russes.

Adieu à Tchaïkovski

Deux cimetières contigus précèdent la laure Saint-Alexandre-Nevski. Le cimetière Saint-Lazare, le plus ancien et encombré de tombes, est le séjour des architectes et des sculpteurs. Giacomo Quarenghi, Carlo Rossi, francisé sur sa stèle en Charles Rossy, Zakharov, Voronikhine voisinent avec Kozlovski et Martos. Le cimetière Notre-Dame-de-Tikhvine est beaucoup plus beau et plus aéré. Agrémenté de pelouses et de grands arbres, il n'a été ouvert qu'en 1823. A considérer les hôtes illustres qu'il héberge, on comprend que le développement de la musique russe a été plus tardif que celui des autres arts. Outre Dostoïevski, dont on n'a pas flatté le buste, on rencontre ici la fine fleur de l'opéra, de la symphonie et du piano. Peu de monuments ; seulement des stèles. Dargomijski se fait consoler par un jeune pâtre jouant de la flûte. Une croix gravée pour Rimski-Korsakov, une colonne pour César Cui, juste symbole

Immense, en partie abandonné, le cimetière de Smolensk est un des lieux les plus poétiques de la ville (au centre). Tchaïkovski résume le mieux l'atmosphère romantique de Saint-Pétersbourg, aussi bien dans ses ballets que dans ses opéras, dont *La Dame de pique*, qui a pour décor le Jardin d'été et les canaux. Deux anges veillent sur sa tombe (ci-dessous). Les autres musiciens russes du XIXe siècle, en particulier les Cinq, qui n'ont pas toujours été tendres pour Tchaïkovski (et réciproquement), sont enterrés à côté de lui.

de celui qui fonda le groupe des Cinq et en fut le pilier. Les Cinq sont tous là : Rimski, Cui, Balakirev, Borodine que signale une mosaïque et Moussorgski sans ornement. Le seul monument complet est dédié à Tchaïkovski. Un ange-fille éploré lit un livre à ses pieds. Debout derrière le compositeur, un ange-garçon veille et semble prêt à l'enlever au ciel, loin des larmes et de la présence féminines. Manière moins tapageuse de nous renseigner sur les mœurs de Tchaïkovski que les orages

ВОИН КРАСНОЙ АРМИИ,
СПАСИ!

КНИГА

Jamais on ne dira assez le courage et l'endurance des habitants de Leningrad pendant les neuf cents jours que dura le siège le plus terrible de l'histoire du monde. En haut, à gauche, une vue de la perspective Nevski en 1942, avec une affiche de propagande anti-nazie. En bas, à gauche, l'évacuation d'une maison, juste avant qu'elle ne s'écroule sous les bombes. En haut, à droite, une scène de rue pendant un bombardement : c'est toujours la perspective Nevski, où les passants se jettent à plat-ventre. En bas, à droite, on ramasse des morts de froid. Le froid et la faim tuèrent près d'un million d'habitants. «Les gens mouraient dans les rues ; les corps restaient des jours entiers là où ils étaient tombés. On voyait souvent des cadavres mutilés dont on avait découpé les fesses», a témoigné Galina Vichnevskaïa, qui avait quinze ans en 1941. Il serait injuste que le nom de Leningrad disparût des mémoires : aucune ville n'a suscité un tel héroïsme collectif.

spectaculaires déchaînés par Ken Russell dans son film hollywoodien.

Splendeur et misère

L'île Elaguine, tout au nord, autrefois résidence secondaire de la haute société, n'est plus qu'un parc populaire de détente et d'animation. Seules subsistent quelques merveilles signées Carlo Rossi : le palais Elaguine, sa première création (1820), déjà un chef-d'œuvre de grâce et d'équilibre, avec son portique corinthien, sa coupole et son salon ovale où Pouchkine dansa ; la cuisine du palais, bâtiment à part, en hémicycle, si noblement orné de statues romaines qu'on oublie sa destination triviale ; le pavillon du débarcadère, dont quatre colonnes doriques soutiennent l'entablement semi-circulaire.

L'île Basile, quadrillée par d'anciens canaux comblés, plus vaste que le cœur historique de Saint-Pétersbourg, n'offre au visiteur aucune curiosité notable, une fois qu'il a dépassé la pointe de la Bourse et le quai de la Néva, mais c'est un quartier plein de mystère et de charme, avec beaucoup de terrains vagues, l'immense cimetière de Smolensk où les tombes disparaissent sous les fougères, la plupart des maisons dans un état calamiteux, les grilles rouillées, des trous dans les rues. Le contraste entre la misère

Dès le début de la guerre, on mit à l'abri les œuvres d'art, on enterra les statues, ou, lorsqu'il était impossible de les déplacer, on les protégea, comme le monument de Falconet à Pierre le Grand, devant la cathédrale Saint-Isaac. Le musée de l'Ermitage expédia ses pièces les plus précieuses dans les montagnes de l'Oural. Il rouvrit ses portes le 8 novembre 1945, ayant récupéré intacts ses trésors.

de cet énorme fouillis d'immeubles à bout de souffle et la splendeur impassible des palais et des académies alignés sur le quai résume l'esprit de la ville. Laquelle ne surprend et n'émerveille jamais autant que lorsque le début de l'été ramène le miracle-mirage de la vraie-fausse lumière.

Les environs de Leningrad furent occupés par les Allemands qui, en se retirant, mirent le feu aux splendides résidences impériales. Ici, Peterhof, réduit à une carcasse calcinée. La magnifique statue de Kozlovski, bronze doré représentant *Samson et le lion*, qui occupait le milieu de la fontaine monumentale, avait disparu quand les Russes rentrèrent en possession du château. Volée par les Allemands, elle n'a jamais été retrouvée. On a mis à sa place une copie. La restauration méticuleuse des palais est à placer au crédit du régime soviétique.

Le vrai-faux

Pendant les nuits blanches, renversement du temps, glissement dans l'illusion et le mensonge. Le poète Fet, contemporain de Tourgueniev, a exprimé le trouble de vivre dans une ville qui dort en plein jour et veille la nuit : «Je ne puis distinguer si cette clarté est l'ultime adieu du crépuscule vespéral ou le premier rayon du matin flamboyant.» Thème orchestré par Dostoïevski dans son roman de jeunesse *Les Nuits blanches*, construit sur l'opposition entre la beauté trompeuse des nuits et la déception du réveil. La nuit blanche engendre les songes et les illusions, que dissipe la lumière vraie du matin. Motif central de tout romantisme, qui se trouve ainsi matérialisé dans le climat de Saint-Pétersbourg.

Le thème du vrai-faux n'est-il pas omniprésent dans cette ville ? Et d'abord, quel est son vrai nom ? Saint-Pétersbourg ? Pétersbourg ? Est-elle la ville de Pierre le Grand ? Ou la ville de saint Pierre, le protecteur du tsar ? Est-ce même une ville russe ? Pierre l'avait baptisée Sankt Piter Bourkh, à la hollandaise, et ce nom s'est conservé longtemps dans le peuple, sous la forme affectueuse de Piter. L'adoption de la forme Saint-Pétersbourg a marqué la victoire, non de la Russie, mais de l'Allemagne sur la Hollande. Au point que, en 1914, au début de la guerre, il parut nécessaire de dégermaniser la ville et de la russifier en Petrograd. Dix ans de Petrograd, soixante-sept ans de Leningrad, puis, en 1991, retour à l'appellation allemande, sur l'initiative du maire réformateur Anatoli Sobtchak. Comment s'y retrouver ? Comment s'y retrouver dans les noms de rues, de ponts, de théâtres qui changent à chaque régime ?

Le Palais d'hiver brûla de fond en comble en 1837 ; tout ce qu'on voit aujourd'hui est une reconstitution. Même remarque pour Peterhof, Tsarskoïe Selo, Pavlovsk, détruits par les Allemands et rebâtis à l'identique après la mort de Staline. Mais qu'a-t-on reconstitué, en 1837 comme dans les années 1960-1980 ? Du vrai-faux, puisque, dès l'origine, tous ces palais qui avaient l'apparence du marbre ou de la pierre de taille n'étaient que brique et plâtre peint. Tout est vrai à Saint-Pétersbourg, rien n'est authentique. Règne du trompe-l'œil et de l'illusion. La ville tout entière, ce paysage de colonnes blanches et de frontons grecs, n'est-elle pas un gigantesque théâtre ? Et, derrière ce décor magnifique, l'obscure, misérable et tragique réalité quotidienne ne rampe-t-elle pas dans les cours délabrées et les escaliers moisis ?

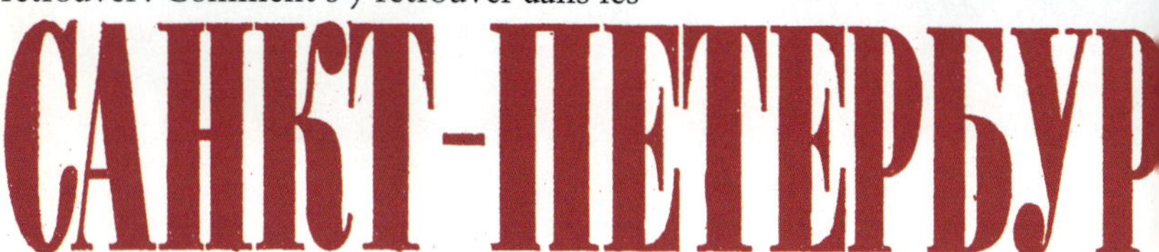

La *Pravda de Leningrad* a été remplacée par le *Journal de Saint-Pétersbourg*. Le changement de titre et de nom illustre la révolution pacifique qui a balayé le communisme.
A droite, une manifestation de rue, en 1991 : les citoyens de Saint-Pétersbourg ont redécouvert leur pouvoir. En 1905, ils s'étaient fait massacrer devant le Palais d'hiver. En 1917, ils avaient cru conquérir leur liberté. Puis ce fut l'oppression, absolue, implacable. Sous la conduite de son maire, Anatoli Sobtchak, une des personnalités les plus dynamiques et les plus en vue de la nouvelle Russie, la ville parviendra-t-elle à surmonter la crise économique ? A fournir les magasins de denrées abordables ? A offrir des logements décents ? A réparer la voirie délabrée ? L'avenir de la démocratie russe en dépend.

Пролетарии всех стран, соединяйтесь!
Коммунисти ская партия Советского Союз
ЛЕНИНГРАДСКАЯ
ЛЕНИН
ОРГАН ЛЕНИНГРАДСКОГО ОБЛАСТНО ТЕТОВ КОММУНИСТИЧЕСКОЙ ПАРТИИ
СОВЕТСКОГО СОЮЗА, ОБЛАСТНО ВЕТОВ НАРОДНЫХ ДЕПУТАТОВ
Год издания 71-й
№ 293 [22435]
Четвер
года
ЦЕНА 3 КОП.
выпуск
СКИЕ ВЕДОМОСТ

TÉMOIGNAGES ET DOCUMENTS

«Une capitale à l'extrémité d'un empire
est comme un animal dont le cœur
serait au bout des doigts
et l'estomac au bout du gros orteil.»

Narychkine à Diderot

La fenêtre de l'Europe sur la Russie

Dès le XVIIIe siècle, les voyageurs européens commencèrent à affluer vers Saint-Pétersbourg, attirés par le prestige et le mystère de cette ville. Catherine II ne put jamais y faire venir Voltaire, mais elle eut pour hôte Diderot, qui n'a guère laissé de témoignage intéressant sur son séjour, tout occupé qu'il était de réformes politiques. Certains venaient pour travailler, comme Elisabeth Vigée-Lebrun, d'autres pour observer, comme Custine, d'autres pour s'amuser, comme Alexandre Dumas. Tous furent frappés d'étonnement, la plupart conquis.

Un aventurier chez les tsars

Casanova arriva à Saint-Pétersbourg en 1764, sous le prétexte d'introduire en Russie l'industrie de la soie. Il échoua dans ce projet mais fréquenta la haute société, vantant en vain à Catherine II les avantages du calendrier grégorien.

Je crois de n'avoir rien dit de cette ville tant célèbre aujourd'hui, et dont l'existence me paraît encore aujourd'hui précaire, quand j'y pense. Il fallait un génie comme celui de ce grand homme qui se plaisait à donner des démentis à la nature pour penser à bâtir une ville qui devait devenir la capitale de tout son vaste empire dans un endroit dont le terrain ne peut pas être plus ingrat aux travaux de ceux qui s'obstinent à vouloir le rendre propre à soutenir les palais qu'on y bâtit tous les jours en pierre à des frais énormes. On me dit qu'aujourd'hui cette ville est déjà adulte, et gloire soit à la grande Catherine ; mais dans l'année 1765 je l'ai vue encore dans l'enfance. Tout me paraissait ruines bâties exprès. On pavait les rues avec certitude qu'il faudrait les repaver encore six mois après. Je voyais une ville qu'un homme pressé devait avoir fait faire à la hâte ; et effectivement le Czar en est accouché en neuf mois. Mais ces neuf mois furent le temps de l'enfantement ; l'enfant avait peut-être été conçu beaucoup de temps auparavant. En contemplant Pétersbourg je réfléchissais au proverbe : *Canis faestinans caecos edit catulos* mais un moment après, admirant le grand dessein, je disais, pénétré de respect : *Diu parturit leaena sed leonem*. Dans un siècle d'ici je pronostique Pétersbourg

Catherine II et Casanova (ci-contre), le face-à-face de deux grands séducteurs…

La galerie de tableaux du palais Stroganov, l'une des demeures les plus somptueuses de la capitale impériale, qu'Elisabeth Vigée-Lebrun fréquenta pendant son exil pétersbourgeois.

superbe mais relevé au moins de deux toises, et pour lors les grands palais ne tomberont pas en ruine faute de pilotis. On proscrira l'architecture barbare qu'y portèrent les architectes français faits pour bâtir des maisons à des marionnettes; et M. Beskoi, homme d'esprit d'ailleurs, n'existera plus pour donner la préférence sur Rastrelli et sur Rinaldi à un La Mothe parisien qui étonna Pétersbourg en fabriquant une maison de trois étages où l'admirable, selon lui, était qu'on ne voyait et on ne pouvait deviner où étaient les escaliers.

Casanova,
Histoire de ma vie

Les surprises d'une femme peintre

Portraitiste de Marie-Antoinette, chassée par la Terreur, Elisabeth Vigée-Lebrun dut se réfugier à l'étranger. Elle arriva à Saint-Pétersbourg en 1795 et resta cinq ans en Russie, reçue par Catherine II et les plus grandes familles de la capitale.

Vers les trois heures, nous montâmes sur une terrasse couverte et entourée de colonnes, où le jour arrivait de toutes parts. D'un côté, nous jouissions de la vue du parc, et, de l'autre, de celle de la Néva, chargée de mille barques plus ou moins élégantes. Il faisait le plus beau temps du monde; car l'été est superbe en Russie, où souvent, au mois de juillet, j'ai eu plus chaud qu'en Italie. Nous dînâmes sur cette même terrasse, et le dîner fut splendide, au point que l'on nous servit au dessert des fruits magnifiques et d'excellents melons, ce qui me parut être d'un grand luxe. Dès que nous fûmes à table, une musique délicieuse d'instrument à vent se fit entendre pendant tout le temps du dîner. Elle exécuta surtout l'ouverture d'*Iphigénie* d'une manière ravissante. Aussi fus-je bien surprise quand le comte de Strogonoff me dit que chacun des musiciens ne donnait qu'une note ; il m'était impossible de concevoir comment tous ces sons particuliers arrivaient à former un ensemble si vraiment parfait, et comment l'expression pouvait naître d'une exécution aussi machinale.

Après le dîner, nous fîmes une promenade charmante dans le parc ; puis, vers le soir, nous remontâmes sur la terrasse d'où nous vîmes tirer, dès que la nuit fut venue, un très beau feu d'artifice que le comte avait fait préparer. Ce feu, répété dans les eaux de la Néva, fut d'un effet magique. Enfin, pour terminer les plaisirs de cette journée, arrivèrent, dans deux petits bateaux très étroits, des Indiens qui se mirent à danser devant nous. Cette danse consistait à faire de si légers mouvements sans bouger de place, qu'elle nous divertit beaucoup. La maison du comte de Strogonoff était bien loin d'être la seule qui fut tenue avec autant de magnificence. A Saint-Pétersbourg comme à Moscou, une foule de seigneurs, possédant des fortunes colossales, se plaisent à tenir table ouverte, au point qu'un étranger connu, ou bien recommandé, n'a jamais besoin d'avoir recours au restaurateur. Il trouve partout un dîner, un souper, il n'a que l'embarras du choix. Je me rappelle que dans les derniers temps de mon séjour à Saint-Pétersbourg, le prince Naryschkin, grand écuyer, tenait constamment une table ouverte de vingt-cinq à trente couverts pour les étrangers qui lui étaient recommandés. J'ai eu toute la peine possible à me dispenser d'aller souvent dîner en ville ; mes séances, et le besoin que j'ai de dormir en sortant de table, pouvaient seuls me faire pardonner mes refus, tant les Russes sont enchantés que l'on aille dîner chez eux.

Lorsque le mois de mai arrive à Saint-Pétersbourg, il ne s'agit encore ni de fleurs printanières dont l'air s'est embaumé, ni de ce chant du rossignol tant chanté par les poètes. La terre est couverte de neige à moitié fondue ; la Doga apporte dans la Néva des glaçons aussi gros que d'énormes rochers amoncelés les uns sur les autres, et ces glaçons ramènent le froid qui s'était adouci après la débâcle de la Néva. On peut appeler cette débâcle une belle horreur, le bruit en est épouvantable ; car, près de la Bourse, la Néva a plus de trois fois la largeur de la Seine au pont Royal ; que l'on imagine donc l'effet que produit cette mer de glace, se fendant de toutes parts. En dépit des factionnaires

que l'on place alors tout le long des quais pour empêcher le peuple de sauter de glaçon en glaçon, des téméraires s'aventurent sur la glace devenue mouvante pour gagner l'autre bord. Avant d'entreprendre ce dangereux trajet, ils font le signe de la croix et s'élancent, bien persuadés que, s'ils périssent, c'est qu'ils y sont prédestinés. Au moment de la débâcle, le premier qui traverse la Néva en bateau présente une coupe d'argent remplie d'eau de la Néva à l'empereur, qui la lui rend remplie d'or. On ne décalfeutre pas encore les fenêtres à cette époque et la Russie n'a point de printemps; mais aussi la végétation se presse pour regagner le temps perdu. On peut dire, et c'est à la lettre, que les feuilles poussent à vue d'œil. [...] Les Russes tirent parti même de la rigueur de leur climat pour se divertir. Par le plus grand froid, il se fait des parties de traîneaux, soit de jour, soit de nuit aux flambeaux. Puis, dans plusieurs quartiers, on établit des montagnes de neige sur lesquelles on va glisser avec une rapidité prodigieuse, sans aucun danger; car des hommes, habitués à ce métier, vous lancent du haut de la montagne, et d'autres vous reçoivent en bas. [...]

J'ai déjà dit qu'il faut aller dans la rue pour s'apercevoir du froid à Saint-Pétersbourg. C'est tellement vrai que les Russes ne se contentent pas de donner à leurs appartements la température du printemps, plusieurs salons sont entourés de grands paravents vitrés, derrière lesquels sont placés des caisses et des pots remplis des plus belles fleurs que donne chez nous le mois de mai.

L'hiver, les appartements sont éclairés avec le plus grand luxe. On les parfume avec du vinaigre chaud dans lequel on jette des branches de menthe, ce qui donne une odeur très agréable et très saine. Toutes les pièces sont garnies de longs et larges divans, sur lesquels les femmes et les hommes s'établissent; j'avais si bien pris l'habitude de ces sièges que je ne pouvais plus m'asseoir sur un fauteuil.

Les dames russes saluent en s'inclinant, ce qui me paraissait plus noble et plus gracieux que nos révérences. Elles ne sonnaient point leurs domestiques, mais les appelaient en frappant dans leurs mains, comme on dit que les sultanes font dans le sérail. Toutes les dames russes avaient à la porte de leur salon un homme en grande livrée, qui restait toujours là, pour ouvrir aux visites; car je crois avoir remarqué qu'à cette époque l'usage n'était pas de les annoncer. Mais ce qui m'a paru plus étrange, c'est de voir quelques-unes de ces dames faire coucher une femme esclave sous leur lit.

Le grand escalier «aux sphinx» et le théâtre privé de l'hôtel Youssoupov, aujourd'hui.

Tous les soirs j'allais dans le monde. Non seulement les bals, les concerts, les spectacles, étaient fréquents, mais je me plaisais dans ces réunions journalières, où je retrouvais toute l'urbanité, toute la grâce d'un cercle français ; car, pour me servir de l'expression de la princesse Dolgoruki, il semble que le bon goût ait sauté à pieds joints de Paris à Saint-Pétersbourg. Les maisons ouvertes ne manquaient pas, et dans toutes on était reçu de la manière la plus aimable. On se réunissait vers les huit heures, et l'on soupait à dix. Dans l'intervalle, on prenait du thé, de l'hydromel.

Elisabeth Vigée-Lebrun,
Souvenirs

Une critique injuste

Le marquis de Custine, observateur politique d'une acuité extraordinaire, fut si choqué des excès de l'absolutisme tsariste qu'il étendit sa condamnation de la cour impériale au décor architectural de Saint-Pétersbourg, sans comprendre la beauté de la ville.

Bizarre idée de fonder la capitale de l'empire des Slaves chez les Finnois, de centraliser l'administration d'un immense territoire au point le plus excentrique de ce territoire, de prétendre se rapprocher de l'Europe en s'éloignant de la Pologne et de l'Allemagne et d'obliger la Cour, les fonctionnaires à habiter un des coins de terre les plus inhospitaliers d'Europe !

Rien n'est triste comme la nature aux approches de Pétersbourg ; à mesure qu'on s'enfonce dans le golfe, la marécageuse Ingrie, qui va toujours s'aplanissant, finit par se réduire à une petite ligne tremblotante tirée entre le ciel et la mer : cette ligne, c'est la Russie… c'est-à-dire une lande humide, basse et parsemée à perte de vue de

Portefaix à Marseille, moujick à Saint-Pétersbourg, arrivé au cœur de la Russie, Mr Alexandre «Dumas accepte le titre d'ours honoraire…» (légende de la caricature).

bouleaux qui ont l'air pauvres et malheureux. Ce paysage uni, vide, sans accidents, sans couleur, sans bornes et pourtant sans grandeur, est tout juste assez éclairé pour être visible. Ici la terre grise est bien digne du pâle soleil qui l'éclaire, non d'en haut, mais de côté, presque d'en bas : tant ses rayons obliques forment un angle aigu avec la surface de ce sol disgracié du Créateur… Je n'ai rencontré aux approches d'aucune grande ville rien d'aussi triste que les bords de la Néva. La campagne de Rome est un désert : mais que d'accidents pittoresques, que de souvenirs, que de lumière, que de poésie ; si vous me passiez le mot, je dirais : que de passions animent cette terre biblique !

Custine,
La Russie en 1837

Caustique à contresens

Alexandre Dumas ne se plut guère à Saint-Pétersbourg, où il avait débarqué le 21 juin 1858. Aucun des monuments ne trouva grâce à ses yeux. Il faut dire qu'il jugea la cuisine russe mauvaise, et que cette déconvenue lui gâcha le séjour.

Au reste, tout cela est disposé d'une façon peu pittoresque, Saint-Pétersbourg étant bâti sur un terrain plat.

Deux affreux bâtiments jaunes, ayant l'air de deux casernes, sont, avec deux coupoles peintes en vert, la première chose qui tire l'œil.

Les deux coupoles vertes sont la coiffure des deux chapelles d'un cimetière. Les Russes affectionnent particulièrement la couleur verte pour

la coupole de leurs églises et les toits de leurs maisons ; ce qui, dans l'un et dans l'autre cas, n'est pas heureux, le vert des coupoles se détachant sur le bleu du ciel, le vert des toits jurant avec le vert des arbres.

Il est vrai que le ciel n'est pas bleu souvent et que les arbres ne sont pas verts longtemps.

– Nous avons ici, non pas un été et un hiver, disait Catherine, mais un hiver blanc et un hiver vert.

[…] Au fond, à l'extrême droite s'étend, sur une ligne qui embrasse tout l'horizon et qui fuit à perte de vue, Saint-Pétersbourg, immense fouillis de maisons que divise le fleuve, et que surmontent l'aiguille de l'Amirauté, les dômes d'or d'Isaac et les coupoles étoilées de la cathédrale d'Ismaëlovski ; tout cela se détachant sur un ciel gris perle, teinté de bleu, qui faisait tout valoir, excepté le vert tendre des toits.

Le vert est une maladie dont sont atteints les Pétersbourgeois. Comme M. le baron Gérard, auteur de l'*Entrée de Henri IV à Paris*, qui voyait vert, leurs architectes voient vert.

Disons tout de suite la vraie cause de cette hérésie en peinture.

Les Pétersbourgeois n'ont pas, de temps immémorial, peint leurs toits en vert pour l'honneur d'avoir inventé une cinquante-troisième nuance de cette couleur — la nature en donne, je crois, cinquante-deux —, mais parce que, leurs toits étant de tôle, et devant nécessairement être peints, ils ont dû choisir la couleur qui résistait le plus longtemps à la neige, à la pluie et à la gelée. Le noir était bon marché et dure longtemps. Aussi, dans un temps, la moitié des toits de la Russie septentrionale et occidentale étaient-ils en deuil. Mais l'empereur Nicolas trouva la couleur lugubre, et défendit de peindre les toits en noir, réservant à la couronne ce privilège pour ses châteaux.

Il y a bien encore le rouge, qui simule la fabrique, et qui fait assez bien sur les arbres et sur le ciel ; mais le rouge est mauvais teint, et, au bout de trois ans, les amateurs de rouge sont obligés de faire repeindre leurs toits.

Alexandre Dumas,
Voyage en Russie

La Moïka en été, animée par la circulation trépidante sur les ponts (à gauche); et la Néva en hiver, devant la Bourse (ci-dessus), transformée en gigantesque stade de glace.

La magie de l'hiver russe

Envoyé en reportage pendant l'hiver 1858-1859, Théophile Gautier s'est révélé le meilleur peintre de la magie blanche. Son goût du pittoresque et sa curiosité humaine ont été comblés par les spectacles qu'il découvrit.

Souvent, au sortir d'un spectacle ou d'une soirée, quand la neige brille comme du marbre pilé, que la lune resplendit claire et glaciale, ou qu'en l'absence de la lune, les étoiles ont cette vivacité de scintillation que produit la gelée, au lieu de penser à rentrer au logis lumineux, confortable et tiède, une société de jeunes gens et de jeunes femmes, bien enveloppés de leurs fourrures, font la partie d'aller souper aux îles : on monte dans une troïka, et le rapide équipage, avec ses trois chevaux en éventail, part au milieu d'un tintement de grelots soulevant une poussière argentée. On réveille l'auberge endormie, les lumières s'allument, le samovar chauffe, le vin de champagne de la veuve Clicquot se frappe, les assiettes de caviar, de jambon, de filets de hareng, les chauds-froids de gelinottes, les petits gâteaux s'arrangent sur la table. On becquette un morceau, on trempe sa lèvre aux verres multiples, on rit, on bavarde, on fume, et pour dessert on se fait rouler du haut des montagnes de glace qu'éclairent des moujiks tenant des falots : puis l'on revient à la ville vers les deux ou trois heures du matin, savourant au milieu d'un tourbillon de rapidité, dans l'air vif, cru et sain de la nuit, la volupté du froid.

Si l'onglée n'a pas fait tomber des doigts du lecteur cette glaciale description de l'hiver russe et qu'il ait le courage d'affronter encore, en notre compagnie, les rigueurs du thermomètre, qu'il vienne avec nous, après avoir pris un bon verre de thé bien chaud, faire un tour sur la Néva, et rendre visite au campement des Samoïèdes qui sont venus s'installer au beau milieu du fleuve comme dans le seul endroit de Saint-

Lorsque la Néva est prise par les glaces, la forteresse Pierre-et-Paul n'est plus une île. Au siècle dernier, on pouvait l'atteindre à pied, en traîneau, ou en carrosse équipé de patins (ci-dessus).

Pétersbourg assez frais pour eux. Ces êtres polaires sont comme les ours blancs. Une température de douze à quinze degrés de froid leur paraît tout à fait printanière et les fait haleter de chaleur. Leurs migrations ne sont pas régulières et obéissent à des raisons ou a des caprices inconnus. Il y avait plusieurs années déjà qu'ils n'avaient fait acte de présence, et c'est une chance de notre voyage qu'ils soient arrivés pendant notre séjour dans la ville des tzars. [...]

Les rennes vont très vite, ou plutôt semblent aller très vite, car leurs mouvements sont d'une promptitude et d'une prestesse extrêmes; mais ils sont petits, et nous pensons qu'un trotteur de la race Orloff les distancerait sans peine, surtout si la course se prolongeait. Rien du reste n'est plus gracieux que ces légers attelages décrivant de grands cercles sur la Néva, évoluant et revenant à leur point de départ, ayant à peine rayé la surface du fleuve. Les connaisseurs disaient que les rennes ne jouissaient pas de tous leurs moyens, parce qu'il faisait trop chaud pour eux (huit ou dix degrés au-dessous de zéro). En effet, l'une des pauvres bêtes qu'on avait dételée paraissait suffoquée, et pour la ranimer on amoncelait de la neige sur elle.

Ces traîneaux et ces rennes emportaient notre imagination vers leur glaciale patrie avec un fantasque désir nostalgique. Nous dont la vie s'est passée à chercher le soleil, nous nous sentions pris d'un bizarre amour du froid. Le vertige du Nord exerçait sa magique influence sur nous, et si un travail important ne nous eût retenu à Saint-Pétersbourg, nous nous serions en allé avec les Samoïèdes. Quel plaisir c'eût été de voler à toute vitesse en remontant vers le pôle couronné d'aurores boréales, d'abord par les bois de sapins chargés de givre, puis par les bois de bouleaux à moitié ensevelis, puis par l'immensité immaculée et blanche, sur la neige étincelante, sol étrange qui ferait croire, par sa teinte d'argent, à un voyage dans la lune, à travers un air vif, coupant, glacial comme l'acier, où rien ne se corrompt, pas même la mort ! Nous aurions aimé vivre quelques jours sous cette tente vernie par la gelée, à demi enfouie dans la neige que les rennes grattent du pied pour trouver quelque mousse courte et rare. Heureusement les Samoïèdes partirent un beau matin, et en nous rendant à la Néva pour les revoir, nous ne trouvâmes plus que le cercle grisâtre marquant la place de leur hutte. Avec eux disparut notre obsession.

Théophile Gautier,
Voyage en Russie

Une éructation enthousiaste

Traduit par Elsa Triolet et Louis Aragon, le Voyage au bout de la nuit *avait paru en URSS, où Céline se rendit en 1936 pour dépenser sur place ses droits d'auteur. Outre cette page de* Bagatelles pour un massacre, *il a parlé de l'URSS dans* Mea culpa.

Il faut d'abord situer les choses, que je vous raconte un petit peu comment c'est superbe Leningrad… C'est pas eux qui l'ont construit les « guépouistes » à Staline… Ils peuvent même pas l'entretenir… C'est au-dessus des forces communistes… Toutes les rues sont effondrées, toutes les façades tombent en miettes… C'est malheureux… Dans son genre, c'est la plus belle ville du monde… dans le genre Vienne… Stockholm… Amsterdam… entendez-moi. Comment justement exprimer toute la beauté de l'endroit… Imaginez un petit peu… les Champs-Elysées… mais alors, quatre fois plus larges, inondés d'eau pâle. La Néva… Elle s'étend encore… toujours là-bas… vers le large livide… le ciel… La mer… encore plus loin… l'estuaire tout au bout… à l'infini… La mer qui monte vers nous… vers la ville… Elle tient toute la ville dans sa main la mer !… diaphane, fantastique, tendue… à bout de bras.. tout le long des rives… toute la ville, un bras de force… des palais… encore d'autres palais… Rectangles durs… à coupoles… marbres… énormes bijoux durs… au bord de l'eau blême… A gauche, un petit canal tout noir… qui se jette là… contre le colosse de l'Amirauté, doré sur toutes les tranches… chargé d'une Renommée, miroitante, tout en or… Quelle trompette ! en plein mur… Que voici de majesté !… Quel fantasque géant ? Quel théâtre pour cyclopes ?… cent décors échelonnés, tous plus grandioses… vers la mer… Mais il se glisse, piaule, pirouette une brise traître… une brise de coulisse, grise, sournoise, si triste le long du quai… une brise d'hiver en plein été… L'eau frise au rebord, se trouble, frissonne contre les pierres… En retrait, défendant le parc, la longue haute grille délicate… l'infinie dentelle forgée… l'enclos des hauts arbres… les marronniers altiers… formidables monstres bouffis de ramures… nuages de rêves repris à terre… s'effeuillant en rouille déjà… Secondes tristes… trop légères au vent… que les bouffées malmènent… fripent… jonchent au courant… Plus loin, d'autres passerelles frêles, « à soupirs », entre les crevasses de l'énorme Palais Catherine… puis implacable au ras de l'eau… d'une seule portée terrible… le garrot de la Néva… son bracelet de fonte énorme Ce pont tendu sur le bras pâle, entre ses deux charnières maudites : le palais d'Alexandre, le fou rose lépreux catafalque, tout perclus de baroque… et la prison Pierre et Paul, citadelle accroupie, écrasée sur ses murailles, clouée sur son île par l'atroce Basilique, nécropole des Tzars, massacrés tous. Cocarde tout en pierres de prison, figée, transpercée par le terrible poignard d'or, tout aigu, l'église, la flèche d'une paroisse d'assassinés.

Le ciel du grand Nord, encore plus glauque, plus diaphane que l'immense fleuve, pas beaucoup… une teinte de plus, hagarde… Encore d'autres clochers… vingt longues perles d'or… pleurent du ciel… Et puis celui de la Marine, féroce, mastoc, fonce en plein firmament… à la perte de l'Avenue d'Octobre… Kazan la cathédrale jette son ombre sur vingt rues… tout un quartier, toutes ailes déployées sur une nuée de colonnades… A l'opposé cette mosquée… monstre en torture… le « Saint Sang »… torsades… torsions… girolles… cabochons… en pustules… toutes couleurs… mille et mille. Crapaud fantastique crevé sur son canal, immobile, en bas, tout noir, mijote…

Encore vingt avenues… d'autres percées, perspectives, vers toujours plus d'espaces… plus aériennes… La ville emportée s'étend vers les nuages… ne tient plus à la terre… Elle s'élance de partout… Avenues fabuleuses… faites pour enlever vingt charges de front… cent escadrons… Newsky !… Graves personnes !… de prodigieuses foulées… qui ne voyaient qu'immensités… Pierre… Empereur des steppes et de la mer !… Ville à la mesure du ciel !… Ciel de glace infini miroir… Maisons à leur perte… Vieilles, géantes, ridées, percluses, croulantes d'un géant passé… farci de rats… Et puis cette horde à ramper, discontinue, le long des rues… poissante aux trottoirs… rampe encore… glue le long des vitrines… faces de glaviots… l'énorme, visqueux, marmotteux, grouillement des misérables… au rebord des ordures… Un cauchemar traqué qui s'éparpille comme il peut… De toutes les crevasses il en suinte… l'énorme langue d'Asie lampante au long des égouts… englue tous les ruisseaux, les porches, les coopératives. C'est l'effrayante lavette éperdue de Tatiana Famine… Miss Russie… Géante… grande comme toutes les steppes, grande comme le sixième du monde… et qui l'agonise… C'est pas une erreur… Je voudrais vous faire comprendre, de plus près, ces

choses encore… avec des mots moins fantastiques…

Imaginez un petit peu… quelque «Quartier» d'ampleur immense… bien dégueulasse… et tout bondé de réservistes… un formidable contingent… toute une armée de truands en abominable état… encore nippés en civil… en loques… tout accablés, guenilleux… efflanqués… qu'auraient passé dix ans dans le dur… sous les banquettes à bouffer du détritus… avant de parvenir… qu'arriveraient à la fin de leur vie… tout éberlués… d'un autre monde… qu'attendraient qu'on les équipe… en bricolant des petites corvées… de ci… de là… Une immense déroute en suspens… Une catastrophe qui végète.

Louis-Ferdinand Céline,
Bagatelles pour un massacre,
Denoël, 1937

Le peuple des atlantes

A la fois puissants par leur musculature et leur force rentrée, et esclaves par le rôle qu'on leur assigne, quoi d'étonnant que les atlantes soient partout présents, au Nouvel Ermitage (page suivante, à droite), à Pavlovsk (ci-dessous), sur la façade des palais privés (ci-contre, hôtel de Lieven)? Ils symbolisent le destin du peuple russe, toujours humilié et asservi, toujours renaissant d'une vitalité prodigieuse.

Saint-Pétersbourg, cité romanesque

Les grands écrivains russes ont tous subi le mythe de Saint-Pétersbourg, soit pour critiquer la ville de Pierre le Grand, soit pour raconter leur fascination de la « Palmyre du Nord ». Slavophiles et occidentalistes se prononçaient contre ou pour la cité construite pour faire pièce à Moscou. Décor éminemment romanesque, Saint-Pétersbourg a inspiré certains des plus grands romans russes, puis, devenue Leningrad, aiguisé les plus poignantes nostalgies. Nul n'est resté indifférent à ce paysage magique.

Un visiteur déçu

Sous forme de nouvelle fantastique, publiée en 1864 dans la revue de Dostoïevski, ce texte de Tourgueniev donne une description critique très précise des quartiers déjà délabrés. Mérimée, qui aimait ces pages, en fit la première traduction française.

«Qui vi-i-i-ve ?» Ce cri prolongé retentit à mes oreilles. «Qui vi-i-i-ve ?» répondit-on dans le lointain, comme avec désespoir. «Qui vi-i-i-ve ?» le cri mourut quelque part au bout du monde. Je sursautai. Une haute flèche dorée me sauta aux yeux : je reconnus la forteresse Pierre et Paul.

Nuit du nord, nuit blême ! Et cela, est-ce la nuit? N'est-ce pas le jour blême, le jour malade ? Je n'ai jamais aimé les nuits de Pétersbourg; mais cette fois-là, j'eus même peur : la silhouette d'Ellis disparaissait complètement, fondait comme le brouillard matinal au soleil de juillet et je voyais clairement mon propre corps tout entier, je le voyais pendre, lourd et solitaire, à la hauteur de la colonne Alexandre. Ainsi c'était Pétersbourg ! Oui, c'était lui. Ces rues vides, larges, grises; ces maisons d'un blanc gris, d'un gris jaune, d'un lilas gris,

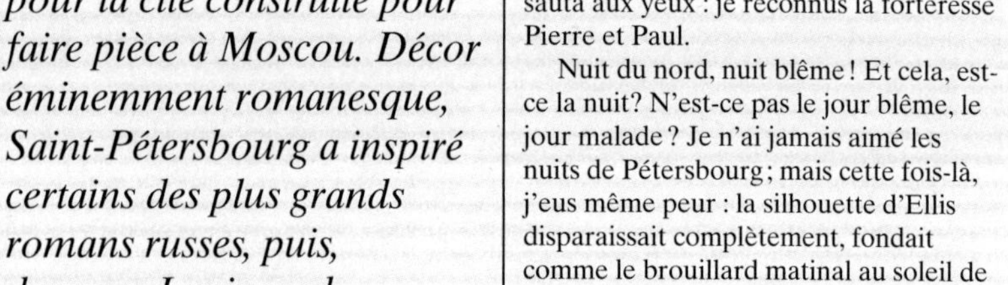

La place aux Foins, au XIXe siècle, avant la démolition de l'église.

au plâtre écaillé, avec leurs fenêtres enfoncées dans les murs, leurs enseignes criardes, leurs auvents de fer au-dessus des perrons et leurs méchantes petites boutiques de légumes; ces frontons, ces écriteaux, ces guérites, ces auges pour les chevaux; le bonnet d'or de Saint-Isaac; l'inutile Bourse bariolée; les murs de granit de la forteresse et la chaussée de bois déglinguée; ces barques de foin et de bois; cette odeur de poussière, de chou, de natte et d'écurie, ces portiers pétrifiés dans leurs peaux de moutons près des portes cochères, ces cochers de fiacre recroquevillés dans un sommeil de mort au fond de leur drojki défoncé, oui, c'est elle, notre Palmyre du nord. On voit tout alentour; tout est clair, tout est clair et distinct à faire peur et tout dort tristement, accumulé et dessiné de façon étrange dans l'air terne et transparent. La rougeur du crépuscule, rougeur de phtisique, n'a pas encore disparu, et ne disparaîtra pas jusqu'au matin du ciel blanc, sans étoiles; elle gît en raies sur le miroir soyeux de la Néva et celle-ci bruit à peine et bouge à peine, faisant avancer ses froides eaux bleues vers la mer…

Tourgueniev,
Apparitions,
trad. E. Scherrer,
La Pléiade, Gallimard

Des bas-fonds aux quais de la Néva

Saint-Pétersbourg est un des personnages principaux du premier chef-d'œuvre de Dostoïevski. La populaire place aux Foins et le pont Nicolas, le premier en aval, comptaient parmi les lieux de prédilection du romancier.

Au loin, le dôme de Saint-Isaac, vu depuis le toit de la maison de Raskolnikov.

Il était près de neuf heures quand le jeune homme arriva sur la place aux Foins. Tous les marchands en plein vent, les colporteurs, les boutiquiers et les gros commerçants se préparaient à fermer leurs magasins ; ils débarrassaient leurs éventaires, vidaient leurs étalages, serraient leurs marchandises et rentraient chez eux, ainsi que leurs clients. Devant les gargotes, qui occupaient les caves des maisons sales et nauséabondes de la place, et surtout à la porte des cabarets grouillait une foule de petits trafiquants et de loqueteux.

Raskolnikov fréquentait volontiers cet endroit et les ruelles avoisinantes quand il sortait de chez lui sans but précis. Ses propres haillons n'y attiraient le dédain de personne et l'on pouvait s'y montrer accoutré n'importe comment sans risquer de soulever le scandale. Au coin de la ruelle K…, un marchand et sa femme vendaient des articles de mercerie étalés sur deux tables : du fil, du coton, des cordons, des mouchoirs d'indienne, etc.

Il serra la pièce dans sa main, fit une vingtaine de pas et se tourna vers le fleuve, dans la direction du Palais d'Hiver. Le ciel était sans un nuage et l'eau de la Néva, par extraordinaire, presque bleue. La coupole de la cathédrale de Saint-Isaac (c'était précisément l'endroit de la ville où elle apparaissait le mieux) rayonnait et l'on pouvait, dans l'air transparent, distinguer jusqu'au moindre ornement de la façade. La brûlure occasionnée par le coup de fouet s'apaisait. Raskolnikov oubliait son humiliation ; une pensée inquiète et un peu vague le préoccupait ; il restait là immobile, le regard fixé sur l'horizon. L'endroit où il se trouvait lui était particulièrement familier. Quand il fréquentait encore l'Université, il avait l'habitude, surtout au retour, de s'y arrêter (il l'avait fait plus de cent fois) et de contempler ce panorama vraiment merveilleux. Il s'étonnait toujours d'une impression confuse et vague qui l'envahissait à cet instant ! Ce tableau splendide, qui semblait glacial, animé d'un esprit sourd et aveugle aux mouvements de la vie… Il se sentait surpris chaque fois de cette impression mystérieuse et sombre mais il ne s'arrêtait pas à l'analyser et il remettait toujours à plus tard l'espoir d'en trouver l'explication.

Dostoïevski,
Crime et Châtiment,
trad. D. Ergaz,
La Pléiade, Gallimard

Une ferveur ambiguë

Gogol avait vingt ans lorsqu'il débarqua, en 1829, de son Ukraine natale. Il trouva la ville froide et inhospitalière et, s'il fut ébloui par le mouvement de la capitale, il ne la porta jamais dans son cœur.

Rien n'est plus beau que la Perspective Nevski, du moins à Pétersbourg ; elle est tout pour lui. Y a-t-il rien qui manque à la splendeur de cette artère, la reine de beauté de notre capitale ? Je suis sûr qu'il n'est pas un de ses habitants pâles et gradés dans la bureaucratie qui voulût changer pour tous les trésors du monde la Perspective Nevski. Je ne parle pas seulement de ceux qui ont vingt-cinq ans, de belles moustaches et une redingote merveilleusement coupée : même tel dont le menton laisse déjà paraître des poils blancs, et dont le crâne est nu comme un plat d'argent, même celui-là est un enthousiaste de la Perspective Nevski. Et les dames ! Oh ! les dames chérissent encore davantage la Perspective Nevski. Et qui, aussi bien, ne la chérit ? Il n'est que de mettre le pied sur la Perspective Nevski pour ne plus respirer qu'un parfum de promenade. Eussiez-vous même à régler quelque affaire pressante, urgente, qu'arrivé là, certainement, vous oublierez toute affaire. C'est ici l'unique lieu où les gens ne soient pas présents par nécessité, où ils n'aient pas été amenés par un besoin impérieux et par l'intérêt mercantile qui possède tout Pétersbourg. Il semble que l'homme qu'on rencontre sur la Perspective Nevski soit moins égoïste que celui de la rue de la Mer, de la rue des Pois, de l'avenue de la Fonderie, de la rue des Bourgeois et de toutes autres rues où la cupidité, et l'appât du gain, et la nécessité se manifestent dans l'allure de ceux qui vont à pied comme de ceux qui filent en landau ou en drojki. La Perspective Nevski est le lieu de communication de tout Pétersbourg. Ici, l'habitant du Côté Pétersbourg ou du Côté Vyborg, resté des années sans voir son ami des Sablons ou de la Barrière de Moscou, peut être sûr qu'il ne manquera pas de le rencontrer. Il n'est pas de répertoire d'adresses ou de bureau de renseignements qui fournisse d'aussi sûres informations que la Perspective Nevski. Toute-puissante Perspective Nevski ! Unique distraction de Pétersbourg si pauvre en divertissements ! Comme ils sont proprement balayés, ses trottoirs, et, Seigneur ! que de pieds y ont laissé leur trace ! Et la lourde botte boueuse du soldat retraité, sous le poids de laquelle le granit lui-même semble craquer, et le petit soulier mignon, léger comme une fumée, de la jolie jeune dame dont le minois se tourne sans cesse vers les resplendissantes vitrines des magasins comme le tournesol vers le soleil, et le sabre au bruyant cliquetis du petit sous-lieutenant plein d'espérances qui lui imprime sa brutale égratignure, — tout décharge sur ce trottoir la puissance de la force ou la puissance de la faiblesse. Quelle rapide fantasmagorie se déroule là au cours d'une seule journée ! Quelles métamorphoses s'y opèrent d'un lever de soleil à l'autre !

[…] Alors vient ce moment mystérieux où les lampes donnent à toutes choses je ne sais quel fascinant, quel magique éclairage. Vous rencontrerez un très grand nombre de jeunes hommes, pour la plupart célibataires, en chauds pardessus et manteaux. A cette heure-là on sent qu'il y a là un but, ou plutôt quelque chose qui ressemble à un but. Quelque chose qui échappe largement à la réflexion consciente. Les pas de tous ces gens s'accélèrent et se font, dans l'ensemble, très inégaux. De longues ombres filent sur les murs et sur la chaussée et atteignent presque de la tête le pont de la Police. Les jeunes enregistreurs de collège, secrétaires de département ou de collège, prolongent très longtemps leur promenade ; mais les enregistreurs de collège, conseillers titulaires et auliques d'un certain âge sont pour la plupart restés chez eux, soit parce que ce sont gens mariés, soit parce que la cuisinière allemande qui tient leur ménage leur fait de très bonne cuisine. Ici vous retrouverez les respectables vieillards qui se promenaient à deux heures sur la Perspective Nevski avec tant de gravité et d'admirable distinction. Vous les verrez courir tout aussi bien que les jeunes enregistreurs de collège afin de jeter un coup d'œil sous le chapeau d'une dame entrevue de loin, et dont les lèvres charnues et les joues diversement fardées plaisent à tant de promeneurs, et tout spécialement aux commis de boutique, aux artisans, aux commerçants qui, vêtus de surtouts à l'allemande, se promènent toujours en nombre, et d'habitude bras dessus bras dessous.

[…] Oh ! ne vous y fiez pas, à cette Perspective Nevski ! Moi, je m'enveloppe toujours étroitement dans mon manteau quand je la parcours, et je m'efforce

La perspective Nevski, au carrefour formé avec le canal de la Moïka.

de ne jamais regarder ce que je croise. Tout est leurre, tout est rêve, tout est autre qu'il ne paraît. Vous croyez que ce monsieur, qui se promène en redingote admirablement coupée, est très riche ? Pas du tout : tout son actif est dans sa redingote. Vous vous imaginez que ces deux gros hommes, arrêtés devant une église en construction, en commentent l'architecture ? Erreur : ils parlent de deux corneilles qui se sont bizarrement posées l'une face à l'autre. Vous vous dites que cet excité qui gesticule des deux bras raconte comment sa femme a lancé par la fenêtre un papier roulé en boule à un officier qu'il ne connaît ni d'Eve ni d'Adam ? Détrompez-vous : il parle de La Fayette. Vous croyez que ces dames… mais les dames surtout, ne vous y fiez pas. Ne vous attardez pas tant aux vitrines des magasins : les colifichets qu'on y expose sont très jolis, mais leur odeur est celle d'une effrayante quantité de billets de banque. Et surtout Dieu vous garde de risquer un coup d'œil sous le chapeau des dames. Si attirant que soit de loin l'envol du manteau d'une belle, à aucun prix je n'y laisserai aller ma curiosité.

Fuyez, pour Dieu, fuyez au loin le réverbère ! Et vite, aussi vite que vous pouvez, passez au large. Heureux encore si vous vous en tirez avec une coulée de son huile puante sur votre élégant manteau. Mais outre le réverbère tout respire l'imposture. Elle ment à longueur de temps, cette Perspective Nevski, mais surtout lorsque la nuit s'étale sur elle en masse compacte et accuse la blancheur ou le jaune pâle des façades, quand toute la ville devient éclair et tonnerre, quand des myriades d'attelages débouchent des ponts, quand les postillons hurlent sur leurs chevaux lancés au galop, quand le démon lui-même allume les lampes uniquement pour faire voir les choses autres qu'elles ne sont.

Nicolas Vassilievitch Gogol,
La Perspective Nevski,
trad. G. Aucouturier,
Folio, Gallimard

Fantasmes et délires

Nul mieux qu'André Biely n'a exprimé les sortilèges maléfiques que Saint-Pétersbourg peut exercer sur une imagination enflammée. Son grand roman, paru d'abord en 1916, remanié ensuite, se présente comme une déambulation onirique.

L'inconnu s'attarda dans la petite cour, simple carré d'asphalte enserré dans la masse des cinq étages que trouaient les fenêtres. Au milieu de la cour étaient entassés des stères de bois, tout gonflés d'eau, et par la porte cochère, on voyait une partie de la dix-septième ligne, déchirée par le sifflement du vent.

Ô lignes !

Vous gardez le souvenir du Pétersbourg de Pierre le Grand.

Jadis, Pierre traça ces lignes parallèles ; puis elles se sont garnies de granit, de murs bas, de palissades ; la ligne tracée par Pierre devint plus tard la ligne adoucie par Catherine, ordonnance de colonnades.

Entre les masses énormes ont subsisté les maisonnettes de l'époque de Pierre ; là-bas, c'en est une en rondins ; ici, c'en est une verte ; plus loin, une bleue, basse, avec une enseigne rutilante : « Buffet » ; toutes sortes d'odeurs vous prennent à la gorge : odeur de sel marin, de hareng, de filins, de vestes de cuir, et de pipe, odeur de goudron des prélarts sur les quais.

Ô lignes !

Comme elles ont changé ! Et comme les a changées la rigueur des temps !

L'inconnu se remémora : c'était un soir d'été, à la lucarne de cette petite maison lustrée, une vieille, édentée, mâchonnait ; au mois d'août déjà, la lucarne s'était refermée ; en septembre, on avait emporté le cercueil tapissé de brocart.

Il pensait que la vie devenait plus chère ; que l'ouvrier avait du mal à vivre ; que, de là-bas, Pétersbourg enfonçait jusqu'ici les poignards de ses avenues, et poussait la horde de ses géants de pierre.

Là-bas, se levait Pétersbourg ; surgis de la vague des nuages, flamboyaient les bâtiments ; là-bas, quelque chose de froid, de haineux, semblait planer ; du chaos hurlant, un regard de pierre s'appesantissait sur les îles ; et émergeaient dans le brouillard un crâne et des oreilles.

Tout cela traversa la pensée de l'inconnu ; son poing se serra dans sa poche ; et il se souvint que les feuilles tombaient.

Tout cela, il le savait par cœur.

Signature de Pierre le Grand, et, de son écriture : « Saint-Pétersbourg ».

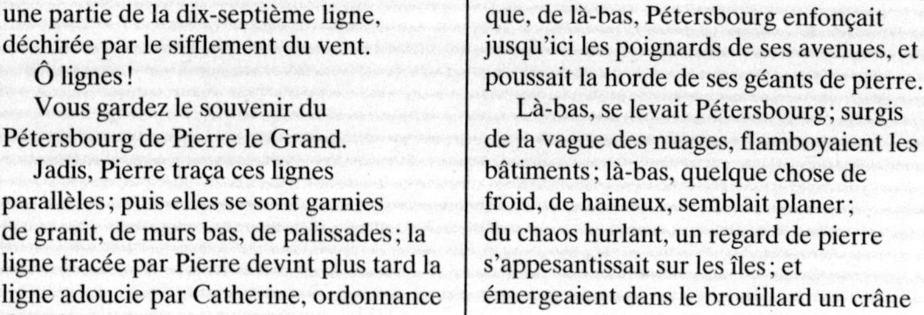

Le siège de la Douma municipale de Petrograd, le 1er mai 1918.

Ces feuilles mortes, pour combien étaient-elles les dernières ? Il se dressa, ombre bleue.

Pétersbourg se noya dans la nuit.

Au-dessus de la Néva, derrière les cheminées d'usines, s'enfonçait rapidement un soleil énorme et pourpre. Les édifices de Pétersbourg avaient l'air de se dissoudre en une légère dentelle de fumerolles améthyste. Les vitres dardaient des reflets aux flammes d'or ; les flèches aiguës des clochers rougeoyaient comme des rubis ; redans et ressauts fondaient dans un flamboiement ; et flamboyaient aussi cariatides et corniches aux balcons de brique.

Un palais roux était ensanglanté : il avait été bâti par Rastrelli ; à cette époque-là le palais dressait une façade bleu ciel dans une envolée de colonnes blanches ; à cette époque-là feu l'Impératrice Elisabeth Pétrovna ouvrait sa petite fenêtre et contemplait les lointains de la Néva. Sous Alexandre Ier, le palais fut repeint en jaune pâle. Il fut repeint une seconde fois sous Alexandre II et devint roux.

Lentement s'assombrissait la succession des lignes et des murs sur le fond lilas d'un ciel qui se mourait. Ici et là, des flambeaux semblaient encore jeter leurs étincelles ; ici et là, des flammèches s'embrasaient.

Et toi, lecteur, comme moi, n'as-tu pas cru voir flamboyer le passé ?

La perspective Nevski.

Les épaules formaient une masse visqueuse qui s'écoulait lentement ; l'épaule d'Alexandre Ivanovitch se colla à la masse et, pour ainsi dire, s'y englua. Il suivit son épaule capricieuse, se conformant ainsi aux lois de l'indivisibilité du corps. Et il se retrouva projeté sur la perspective Nevski, grain de caviar perdu dans la masse noire qui s'écoulait lentement.

Caviar…

Les corps happés par la perspective Nevski se fondent en un grand corps ; chacun devient un grain dans la masse du caviar tartiné sur les trottoirs. La pensée individuelle de Doudkine s'englua dans l'activité cérébrale de l'énorme mille-pattes qui parcourait la perspective.

Ils descendirent du trottoir et se perdirent dans la contemplation silencieuse du myriapode ; la masse visqueuse rampait : elle progressait en rampant et en se traînant sur ses petites pattes agiles ; la masse était formée d'anneaux articulés et chaque anneau était un tronc humain.

Point d'hommes sur la perspective Nevski. Mais un myriapode rampant et hurlant.

L'espace humide déversait une cacophonie de voix, une cacophonie de mots ; et tous ces mots, après s'être emmêlés, s'assemblaient en une phrase.

Cette phrase paraissait absurde ; elle s'élevait au-dessus de la perspective Nevski et stagnait, nuage noir d'ineptie.

Courroucée par ces inepties, de temps à autre, la Néva s'enflait, hurlait et se débattait entre ses quais de granit massif.

Le myriapode rampant est terrifiant ! Des siècles durant, il devra parcourir la perspective Nevski. Plus haut, au-dessus de la perspective, défilent les saisons ; leur cycle est perpétuel changement, mais en bas rien ne change. Chaque saison a son terme fixé. Mais il n'est point de terme au myriapode humain ; ses anneaux se renouvellent, mais lui ne change pas ; sa tête reste cachée derrière la gare ; sa queue se perd dans la Morskaïa, mais les anneaux articulés, eux, sans répit, s'étirent au long de la perspective.

C'est un vrai scolopendre !

André Biély,
Pétersbourg,
trad. Jacques Catteau et Georges Nivat,
Points/Seuil

Nostalgie, nostalgie

Nina Berberova a raconté plusieurs fois ses souvenirs de la ville où elle était née en 1901, et d'où elle émigra en 1922, après avoir veillé Alexandre Blok à son lit de mort, et conduit le poète au cimetière de Smolensk.

La Néva est large et bleue, la mer proche. C'est ce fleuve qui détermina

la décision de Pierre le Grand : une ville devait naître là. Il lui donna son nom.

Mais la Néva ne reste pas toujours bleue. Souvent elle est grise et noire, puis – six mois par an – gelée. Au printemps, sa glace, épaisse de plusieurs mètres, et celle du lac Ladoga fondent et des blocs gigantesques sont précipités vers la mer. En automne, le vent souffle, la brume couvre la ville, cette ville la plus préméditée du monde.

Dostoïevski disait, « dans cette brume, cent fois m'est venue une étrange et obsédante pensée : et si, un jour, ce brouillard se lève et disparaît ? Cette ville, pourrie, gluante, ne disparaîtra-t-elle pas, elle aussi, ne s'élèvera-t-elle pas avec ce brouillard et ne se dissipera-t-elle pas comme de la fumée ? Seul l'ancien marais demeurera et, au milieu, pour lui donner plus d'allure, se dressera le Cavalier d'airain, sur un cheval haletant, écumant. Celui à qui tout cela était

apparu en songe, brusquement s'éveillera, et rien ne restera ! » Alors l'horizon nordique redeviendra humble et droit ; sur les canaux silencieux un pêcheur carélien, au visage impénétrable, lancera de nouveau sa ligne, comme au XVIIe siècle, avant que Pierre le Grand ait entrepris son branle-bas. […]

Le printemps vint et, dans la clarté des nuits blanches, la ville apparut, avec ses arbres abattus, ses maisons écroulées, ses avenues que l'herbe envahissait déjà. Les palais étaient vides, les grilles de bronze arrachées, les ambassades délaissées, les ministères évacués à Moscou. La mort enveloppait tout, majestueuse et belle. Avec les premiers rayons du soleil, des gens sortirent, portant dignement des vêtements déguenillés, des chaussures sans semelles – costumes de carnaval – misérables, mais jamais ridicules. Des hommes aux cheveux longs, aux redingotes flottant sur des corps amaigris, aux visages faméliques et ardents, passaient comme des ombres, des livres sous le bras, entre l'Ermitage et l'Académie, entre la Maison de l'Art et l'Association libre de philosophie. Certains, comme Goumiliov, se mettaient, le soir, en habit, parce qu'ils n'avaient pas d'autres vêtements. Piast portait un pantalon à carreaux acheté peut-être par son père à l'Exposition universelle de Paris ; Chileiko, l'égyptologue, qui à quarante-cinq ans, en paraissait soixante-cinq, n'ôtait jamais son pardessus, même par les plus fortes chaleurs, et Volinski, le spécialiste de la Renaissance italienne, dormait avec ses caoutchoucs, de peur qu'on ne les lui volât. Rien ne troublait la grandeur de ces lieux, de ces ombres, et les jeunes affamés, qui les suivaient, dans les salles de l'université, à l'Ermitage, aux concerts, dans les rues, étaient également dignes de cette époque.

Nina Berberova,
Alexandre Blok et son temps,
Actes Sud

Un parallèle inattendu

Né à Leningrad en 1940, poète exilé de réputation internationale, Brodsky trouve le nom communiste de Leningrad aussi laid et vulgaire que le mot « saucisse », tout en restant passionnément attaché à Saint-Pétersbourg.

Guide d'une ville re-nommée.

«Posséder le monde sous forme d'images c'est, précisément, éprouver à nouveau

l'irréalité et l'éloignement du réel.»
(Susan Sontag, *La Photographie*)

Devant la gare de Finlande, l'une des cinq gares par lesquelles le voyageur entre dans la ville ou la quitte, tout au bord de la Néva, s'élève un monument à un homme dont cette ville porte actuellement le nom. En fait, toutes les gares de Leningrad possèdent un monument à cet homme, statue grandeur nature devant le bâtiment ou buste massif à l'intérieur. Mais le monument situé devant la gare de Finlande est unique. Non pas à cause de la statue elle-même, car le camarade Lénine est représenté de la manière pseudo-romantique habituelle, une main tendue en l'air comme s'il haranguait les masses, mais parce que le camarade Lénine prononce son discours juché sur le toit d'une voiture blindée. Le style de cette statue est celui des débuts du constructivisme, si en vogue aujourd'hui en Occident, et, d'une façon générale, l'idée même de tailler une voiture blindée dans la pierre dénote une certaine accélération psychologique et un sculpteur quelque peu en avance sur son temps. A ma connaissance, c'est le seul monument au monde à figurer un homme sur une voiture blindée. Unique à cet égard, il est le symbole d'une nouvelle société. L'ancienne société était en général représentée par des hommes à cheval.

Avec un certain à-propos, à quelque trois kilomètres de là en aval, sur la rive opposée du fleuve, s'élève la statue d'un homme dont la ville porta le nom dès le jour de sa fondation : Pierre le Grand. Ce monument est universellement connu sous le nom de « Cavalier de bronze », et son immobilité n'a d'égale que la fréquence avec laquelle on le photographie. C'est un monument impressionnant, haut d'environ six mètres, le chef-d'œuvre d'Etienne-Maurice Falconet qui avait été recommandé conjointement par Voltaire et Diderot à la Grande Catherine, marraine de l'ouvrage. Au sommet d'un énorme bloc de granit provenant de l'isthme de Carélie se dresse Pierre le Grand, gigantesque, dont la main gauche retient le cheval cabré qui symbolise la Russie et la main droite pointe vers le nord.

Comme ces deux hommes portent l'un et l'autre la responsabilité du nom de ce lieu, il est très tentant d'en comparer non seulement les statues, mais aussi l'environnement immédiat. L'homme à la voiture blindée a, à sa gauche, le bâtiment pseudo-classique du Comité local du Parti et les abominables Croix — la plus grande prison russe. A sa droite se trouve l'Académie d'artillerie ; et si l'on suit la direction indiquée par sa main, l'on aperçoit le plus grand des immeubles construits depuis la Révolution sur la rive gauche de la Néva : le siège du K.G.B. de Leningrad. Quant au « Cavalier de bronze », il a, lui aussi, à sa droite, un établissement militaire, l'Amirauté ; à sa gauche, en revanche, se situe le Sénat, à présent Centre National des Archives historiques, et sa main indique, au-delà du fleuve, l'université qu'il avait fait construire et où l'homme à la voiture blindée reçut ultérieurement une partie de son éducation.

Ainsi cette ville âgée de deux cent soixante-seize ans possède-t-elle deux noms : un nom de jeune fille et un nom d'emprunt.

Tandis que le pays, avec sa capitale revenue à Moscou, retournait à sa condition utérine, claustrophobe et xénophobe, Pétersbourg, qui n'avait où se replier, s'immobilisa, comme si elle avait gardé la pose qu'elle avait au

XIXe siècle. Les décennies qui suivirent la guerre civile la changèrent peu : on construisit de nouveaux immeubles, mais surtout dans les faubourgs industriels. En outre, la politique du logement consista essentiellement à concentrer la population, c'est-à-dire à loger les défavorisés chez les nantis. Lorsqu'une famille habitait seule un appartement de trois pièces, elle devait se serrer dans l'une d'entre elles afin que d'autres familles pussent s'installer dans les pièces restantes. Aussi les intérieurs de la ville devenaient-ils plus dostoïevskiens que jamais, tandis que ses façades s'écaillaient et absorbaient la poussière, ce hâle du temps.

Silencieuse, figée, Pétersbourg regardait défiler les saisons. Tout peut changer à Pétersbourg, hormis son climat. Et sa lumière. C'est une lumière du nord, pâle et diffuse, où l'œil comme la mémoire s'exercent avec une acuité inhabituelle. Dans cette lumière, la rectitude et la longueur des rues permettent aux pensées du promeneur de vagabonder bien au-delà de sa destination, et un homme doué d'une vue normale peut distinguer, à quelque quinze cents mètres, le numéro de

La leçon de danse des pensionnaires de l'institut Smolny, jeunes filles de la noblesse, vers 1900, dans la grande salle de bal qui sera transformée en quartier général par Lénine en 1917.

l'autobus qui s'approche ou l'âge du mouchard qui le suit. Un natif de cette ville, au moins dans sa jeunesse, passe des heures à marcher, comme tout Bédouin digne de ce nom. Et cela n'est pas dû à la rareté ou à la cherté des voitures (le système des transports en commun est excellent), ni aux kilomètres de queues devant les magasins d'alimentation. C'est parce que marcher sous ce ciel, le long des quais de granit brun de l'immense fleuve gris, est en soi un prolongement de l'existence et une école où apprendre à voir loin. La texture granuleuse des pavés de granit voisinant avec cette eau qui coule, qui s'en va inlassablement, contient quelque chose qui imprègne les semelles d'un désir quasi sensuel de marcher. Le vent qui souffle de la mer de plein fouet et sent l'algue marine a guéri ici bien des cœurs accablés de mensonge, de désespoir et d'impuissance. Si cela concourt à l'esclavage, l'esclave peut être excusé.

C'est une ville où, en quelque sorte, la solitude est plus supportable qu'ailleurs, car elle-même est solitaire. L'idée que ces pierres n'ont rien de commun avec le présent et encore moins avec le futur procure une étrange consolation. Plus ces façades pénètrent dans le XXe siècle, et plus elles paraissent délicates, ignorant les temps nouveaux et leurs soucis. La seule chose qui les fasse pactiser avec le présent, c'est le climat. Elles se sentent particulièrement dans leur élément quand le temps se montre infect, à la fin de l'automne ou au début d'un printemps prématuré, avec ses averses de neige mouillée et ses rafales de vent impétueuses et désordonnées. Ou encore au plus fort de l'hiver, lorsque les palais et les hôtels particuliers se profilent au-dessus du fleuve gelé, dans leurs lourdes parures et leurs lourds châles de neige, tels de vieux dignitaires de l'Empire enfouis jusqu'aux sourcils dans d'épaisses fourrures. Quand la boule pourpre du soleil couchant de janvier colore leurs hautes fenêtres vénitiennes de son or liquide, le piéton transi qui traverse le pont voit soudain ce que Pierre avait en tête lorsqu'il érigea ces murs : le miroir géant d'une planète solitaire. Et, exhalant de la buée, il éprouve presque de la pitié pour ces colonnes nues, avec leurs coiffures doriques, prisonnières de ce froid sans merci, enfoncées dans cette neige qui leur monte jusqu'aux genoux.

Joseph Brodsky,
Loin de Byzance,
trad. L. Dyèvre, Fayard

L'enfance d'un riche

Nabokov, né à Saint-Pétersbourg dans un hôtel particulier de la rue la plus élégante, avait dix-huit ans quand il dut s'arracher à ce paradis, d'où Moscou lui semblait un repaire de rustres et de malappris. Il n'est jamais revenu dans sa ville natale.

Comme ils étaient totalement étrangers à ces tourments de la nuit, les matins exaltants de Saint-Pétersbourg, lorsque le printemps arctique, impétueux et tendre, humide et radieux, débarrassait la Néva lumineuse comme une mer, en emportant par paquets vers l'aval sa glace brisée ! Il faisait luire les toits. Il donnait à la boue dans les rues une riche nuance bleu-violet que je n'ai plus jamais revue nulle part. Par ces journées splendides, on allait se promener en équipage, expression désuète qui avait cours dans notre cercle. Je peux aisément retrouver le sentiment de stimulation qu'on éprouvait à troquer l'épais polouchoubok matelassé dont le col de castor tenait chaud et qui descendait jusqu'aux genoux contre le manteau court bleu marine à boutons de cuivre en forme d'ancre. Dans le landau découvert, je suis relié par la vallée d'un plaid aux occupants du siège arrière qui présente davantage d'intérêt, la majestueuse Mademoiselle et Serguéi, triomphant et barbouillé de larmes, avec qui je viens de me disputer à la maison. Je lui donne de temps à autre de petits coups de pied, sous notre couverture commune, jusqu'à ce que Mademoiselle m'enjoigne sévèrement d'arrêter. Nous passons lentement devant les vitrines de Fabergé dont les monstruosités minérales, les troïkas ornées de pierreries, tenant en équilibre sur des œufs d'autruche en marbre, et autres objets du même genre hautement appréciés par la famille impériale, représentaient pour la nôtre des exemples de m'as-tu-vuisme criard. Des cloches d'église sonnent, le premier Citron vole au-dessus de l'Arche du Palais, dans un mois, nous retournerons à la campagne et, en regardant en l'air, je vois, enfilées sur des cordes, de façade à façade, haut au-dessus de la rue, de grandes bannières, bien tendues, à demi transparentes, soulevant en vagues leurs trois larges bandes — rouge pâle, bleu pâle, et blanc terne — perdant, par le fait des jeux de lumière et d'ombre du soleil et d'un nuage qui passe, tout rapport trop flagrant avec un jour de fête nationale, mais glorifiant indiscutablement à présent, dans la ville du souvenir, l'âme même de cette journée de printemps, le susurrement de la boue, le début des oreillons, l'oiseau exotique, aux plumes hérissées, à l'œil unique injecté de sang, sur le chapeau de Mademoiselle.

Vladimir Nabokov,
Autres Rivages,
trad. Y. Davet, Gallimard

La muse polaire

Les plus grands poètes ont trouvé dans Saint-Pétersbourg une sorte de cité idéale, et se sont émerveillés que du sein des brumes et des eaux boueuses ait jailli cette ville exemplaire, double, à la fois imposante et blessée, claire et nocturne, ouverte et secrète, répertoire inépuisable de métaphores et de symboles. Cris de fierté ou chants nostalgiques, fanfares glorieuses ou soupirs de mort, leurs textes exhalent un amour indéfectible pour ce monde de pierre et d'eau, de granit et de boue.

Déclaration d'amour

Ancien élève du lycée impérial de Tsarskoïe Selo, tué en duel à trente-huit ans, Pouchkine a fondé la poésie russe. Il adorait la ville de Pierre le Grand, et a contribué par ce poème, célèbre entre tous, à instaurer le mythe de Saint-Pétersbourg.

Le cavalier de bronze
– Récit pétersbourgeois –
Prologue

Devant lui, la mer était vide;
Méditant de graves desseins,
Il regardait vers les lointains.
A ses pieds le fleuve splendide
Où passait un pauvre canot;
Sur les rives marécageuses,
Ça et là de tristes hameaux
Où des familles besogneuses
De Finnois trouvaient un abri;
D'immenses forêts frémissantes
Où jamais le soleil n'a lui.
Il songeait : La Suède est puissante;
D'ici nous la menacerons.
Abattons son orgueil, ouvrons
Sur l'Occident une fenêtre
Une ville ici doit paraître.
Lorsque nous serons établis
Des hôtes de tous les pays

Viendront, par des routes nouvelles,
Mener une fête éternelle.
Et voici que, cent ans après,
Du Nord merveille incomparable,
Du fond des bois et des marais
A surgi la ville admirable.
En ces lieux qu'un triste pêcheur,
Enfant mal aimé de la terre,
Sur les rives de la misère
Jetant le filet du malheur,
Foulait seul, voici que se dressent
Sur un rivage enfin vivant
Tours et palais. Ici se pressent
Les vaisseaux de tous les marchands
Qui sillonnent les mers du monde.
Des quais de granit ont orné
La Néva. Et sur l'eau profonde
De superbes ponts sont jetés.
Des jardins de sombre verdure
Donnent aux îles leur parure.
Et l'ancienne Moscou pâlit
Devant la jeune capitale ;
Devant une veuve royale,
La jeune reine resplendit.
Je t'aime, chef-d'œuvre de Pierre ;
J'aime cette grâce sévère,
Le cours puissant de la Néva,
Le granit qui borde sa rive,
Près des canaux les entrelacs
Des grilles, et les nuits pensives,
Leur ombre claire, leur éclat.
Voilà ! Chez moi, point de bougies.

Le poème de Pouchkine (ci-dessus) a été illustré par de nombreux artistes.

Je lis, j'écris à la clarté
Qui baigne les rues endormies.
L'aiguille de l'Amirauté
Brille au loin. Sur le ciel que dore
Un éternel rayon, l'aurore
Se hâte d'aller relever
Le crépuscule inachevé
Et la nuit dure une heure à peine.
J'aime de ton hiver cruel
L'atmosphère lourde, le gel,

Le traîneau dont la course entraîne
De frais visages rosissants,
Les bals et leur gaîté bruyante,
Et les festins des jeunes gens
Où le punch met sa flamme ardente,
Où coule le vin pétillant.
J'aime les parades guerrières
Du Champ de Mars, les défilés,
Les fantassins, les cavaliers,
Evoluant de cent manières,
Et les étendards glorieux
Déchiquetés par la mitraille,
Et les casques, et les médailles
Qui scintillent de tous leurs feux.
J'aime le belliqueux
tonnerre
Qui gronde dans ton
ciel, cité,

Quand la souveraine a donné
Un fils à la maison princière,
Quand la Russie a triomphé
Encore une fois à la guerre
Ou quand la Néva, fracassant
Les murs de glace qui l'enserrent
Jubile aux souffles du printemps.
Vis, resplendis, ville de Pierre.
Comme la Russie reste fière
Inébranlable en ta beauté !
L'élément que tu as dompté
Puisse-t-il oublier sa haine !
Que jamais sa colère vaine
Ne vienne en son repos troubler
Le Fondateur de la Cité !
Il survint un malheur immense.
Il vous en souvient, mes amis.
J'en vais parler. Ici commence
Le plus triste de mes récits.

Pouchkine,
Le Cavalier de bronze,
trad. J.-L. Backès, L'Age d'homme

Reflets et scintillements

Le plus important des poètes symbolistes, Alexandre Blok (1880-1921), appartenait à la grande bourgeoisie pétersbourgeoise. Son œuvre est marquée d'un pessimisme mystique, qui ne s'explique pas seulement par le désenchantement éprouvé après la Révolution.

La ville dort

La ville dort, engloutie dans la brume,
A peine scintillent les lampadaires,
Là-bas, par-delà la Néva,
Je vois les reflets de l'aurore.
Dans ces reflets lointains,
Ces lueurs des feux,
S'est cristallisé l'éveil
Des jours mélancoliques pour moi…

Bernstamm a sculpté, en 1905, Pierre le Grand en sauveteur de matelots…

Signes secrets

Des signes secrets s'enflamment,
Sur le mur plongé dans un sommeil
impénétrable,
Des pavots rouges et or,
Au-dessus de moi, gravitent dans mon
rêve.
Je pénètre dans les grottes de la nuit
Sans pouvoir me souvenir des monstres
menaçants
Qui les habitent.
A l'aube, des chimères azurées
Se contemplent dans le miroir des cieux
éclatants,
Je me réfugie dans les instants qui
viennent de s'écouler
Et je ferme les yeux d'épouvante
Sur les pages du livre qui s'éteint…
La tresse dorée d'une jeune fille.
Au-dessus de moi, le firmament est
déjà bas

Un songe sinistre gravite dans ma poitrine.
Ma fin, prescrite, est proche,
La guerre, le brasier final, sont à ma porte…

Musique

La nuit, lorsque l'agitation s'est apaisée,
Et que la ville s'est enfoncée dans la brume,
Ô combien de musique n'y a-t-il pas aux cieux
Et quel concert sur la terre !
Que m'importe la tempête de la vie
Si tes roses fleurissent et brûlent pour moi !
Que m'importent les larmes des humains,
Lorsqu'arrive l'heure du crépuscule !
Souveraine de la nature
Par delà le sang, les souffrances, le tombeau
Des mains de ton humble esclave,
Daigne recevoir la coupe fumante
De son ultime passion…

Alexandre Blok,
trad. V. Hofmann, Disques EMI

Sanglots et agonies

Né à Varsovie, Mandelstam (1891-1938) suivit très jeune ses parents à Saint-Pétersbourg. Rallié au mouvement acméiste qui s'opposait au symbolisme d'un Blok, il a recherché la clarté et la précision, pour dire l'angoisse et la mort.

L'Amirauté (1913)

Dans la capitale du nord un peuplier s'étiole,
Un cadran transparent au feuillage se mêle.
Frégate en la sombre verdure, ou acropole,
Il brille de loin, frère de l'eau et du ciel.
Inaccessible mât et barque dans les cieux,
Aux successeurs de Pierre tenant lieu de règle,
Il enseigne : La beauté n'est pas caprice de demi-dieu,
Plutôt d'un simple charpentier le coup d'œil d'aigle.
Clément nous est le règne des quatre éléments,
Et pourtant l'homme libre en suscite un cinquième.
N'est-il pas vrai : l'arche aux lignes vierges dément
De l'espace la puissance suprême ?
Les méduses collent – capricieuses, têtues.
Ainsi que des charrues jetées, rouillent les ancres,
Des trois dimensions les digues sont rompues
Et l'on accède à l'universel océan.

Sans titre (1916)

J'ai froid. Le printemps transparent
Habille Pétropol d'un vert duvet.
Pourtant, les flots de la Néva m'inspirent
Comme une méduse un léger dégoût.
Sur les quais du fleuve du nord s'élancent
Les automobiles, ces vers luisants,

Au pied de la cathédrale Saint-Isaac, pendant l'hiver 1941-1942 (ci-dessus) et, en haut à gauche, un matelot du croiseur *Aurore*, d'où est partie la révolution de 1917.

Leningrad pendant le siège, deux lithographies de S. Yudovin (1947).

Il vole des libellules, des carabes d'acier.
Épingles d'or, les étoiles scintillent.
Aucune étoile pourtant ne tuera
Des flots marins l'émeraude pesante.

Sans titre (1916)

Dans Pétropol la transparente nous mourrons,
Où nous sommes à la merci de Proserpine.
C'est l'air mortel qu'à chaque souffle nous buvons,
Et c'est à chaque instant l'heure de notre mort.
Déesse de la mer, Athéna redoutable,
Dépouille le casque de pierre majestueux.
Dans Pétropol la transparente nous mourrons,
Où tu ne règnes pas, mais Proserpine règne.

Sans titre (1918)

Dans le vide effrayant la flamme vagabonde.
Une étoile peut-elle ainsi pâlir ?
Etoile transparente, Ô ! flamme vagabonde,
Ton frère, Pétropol, va mourir.
Des rêves terrestres se consument là-haut —
Étoile verte à l'instant de pâlir,
Si tu es une étoile — le frère du ciel et de l'eau,
Ton frère, Pétropol, va mourir.
Un monstrueux vaisseau dans le vide effrayant
S'envole, et voici ses ailes s'ouvrir.
Étoile verte, en son splendide dénuement
Ton frère, Pétropol, va mourir.
Le printemps transparent sur la sombre Néva
S'est écrasé. De l'immortalité coule la cire.
Si tu es une étoile, Pétropol, ta ville,
Ton frère, Pétropol, va mourir.

Leningrad (décembre 1930)

Je suis revenu dans ma ville familière
jusqu'aux sanglots,
Jusqu'aux ganglions de l'enfance,
jusqu'aux nervures sous la peau.
Tu es de retour, avale donc d'un trait
L'huile de foie de morue des lanternes
de Leningrad sur les quais !
Le petit jour de décembre, reconnais-le
bien vite
Au jaune d'œuf dissous dans le goudron
sinistre.
Pétersbourg ! je ne veux pas encore
mourir :
De mes téléphones, tu as les numéros.
Pétersbourg ! J'ai les adresses d'autrefois
Où je reconnais les morts à leurs voix.
J'habite l'escalier de service et la
sonnette
Arrachée avec la chair tinte dans
ma tête.
Et toute la nuit jusqu'à l'aube j'attends
les hôtes chers
Et les chaînettes de la porte cliquettent
comme des fers.

Ossip Mandelstam,
Poèmes,
trad. F. Kérel, Gallimard

Ombres et mystères

Anna Akhmatova (1889-1966) est restée le symbole de la résistance héroïque qu'opposèrent les créateurs russes à la terreur exercée par l'Etat. Refusant toujours d'émigrer, elle resta solidaire des destinées tragiques de son pays.

Le Jardin d'Eté (1959)

Je veux voir les roses dans ce jardin
unique
Où s'élève une grille sans pareille ici-bas.
Où, jeune, les statues se souviennent
de moi,

Et je me souviens d'elles sous l'eau
de la Néva.
Dans l'odorant silence des tilleuls
royaux,
J'entends le grincement
des mâts sur les vaisseaux.
Là où le cygne, comme avant,
glisse à travers les âges,
Admirant la splendeur de sa propre
image.
Là des milliers de pas se sont tus à
jamais,
Aimés ou haïs, haïs ou aimés ;
Et le cortège des ombres ne cesse
de défiler
Du vase de granit aux portes du palais.
Là mes nuits blanches
se murmurent tout bas
Un grand amour inconnu et secret,
Et de nacre et de jaspe tout rayonne
là-bas,
Mais la source de lumière,
mystérieuse, reste cachée.

Anna Akhmatova,
Poèmes,
trad. N. Struve, Librairie du Globe

BIBLIOGRAPHIE

– Mikhaïl Allenov, Nina Dmitrieva et Olga Medvedkova, *L'Art russe*, Citadelles, 1991.
– Louis Réau, *L'Art russe*, 1920 et 1922, réédité en trois volumes, Marabout Université, 1968.
– Jean des Cars, *Sur les pas des tsars à Saint-Pétersbourg*, Perrin, 1992.
– Emmanuel Ducamp (sous la direction de), *Vues des palais impériaux des environs de Saint-Pétersbourg*, quatre volumes, Alain de Gourcuff, 1992.
– Emmanuel Ducamp (sous la direction de), *Pavlovsk*, deux volumes, Alain de Gourcuff, 1993.
– Ettore Lo Gatto, *Le Mythe de Saint-Pétersbourg*, Editions de l'Aube, 1994.
– Claude de Grève (sous la direction de), *Le Voyage en Russie, Anthologie des voyageurs français aux XVIIIe et XIXe siècles*, Laffont/Bouquins, 1990.
– Jacques Lacarrière, *Promenades à Moscou et à Leningrad*, Balland, Paris, 1969.
– Oleg Sprijak, *Roman pétersbourgeois en six canaux et rivières*, Albin Michel, Paris, 1993.
– Véronique Schiltz, *Histoires de kourganes, la redécouverte de l'or des Scythes*, Découvertes Gallimard, 1991.
– *Avant la Révolution, Saint-Pétersbourg, 1890-1914*, (album de photographies), Abrams, New York; Nathan, Paris, 1991.
– Anne Goulzadjian, *L'Empire du dernier tsar, 410 cartes postales 1887-1917*, Astrid, Paris, 1982.
– Henri Troyat, entre autres œuvres : *Pierre le Grand, Catherine la Grande, Nicolas II*, J'ai lu.
– Catalogue de l'exposition *La France et la Russie au Siècle des Lumières*, Grand-Palais, 1986-1987, A. F. A. A., Paris, 1986.

TABLE DES ILLUSTRATIONS

CHAPITRE II

CHAPITRE III

l'Ermitage.
62 Pavlosk, la galerie des sculptures.
62-63 Philippoteaux et Outhwaite, *L'assassinat du tsar Paul Ier*, gravure.
63 G. Quarenghi, *La cascade et la colonnade d'Apollon à Pavlovsk*, aquarelle, vers 1800.
64 Pavel Semechkin, *Vue du Passage*, gravure. Musée d'histoire de la Ville de Saint-Pétersbourg.
64-65 V. S. Sadovnikov, *Panorama de la Perspective Nevski.* Musée de l'Ermitage.
65 Luigi Premazzi, *La Perspective Nevski près du Gostini Dvor*, dessin, 1850. Bibliothèque Saltykov-Shchedrin.
66 Colonne rostrale de la Bourse.
66-67h Angelo Toselli, *L'Amirauté*, détail du «Panorama de Saint-Pétersbourg», aquarelle et gouache, 1820. Musée de l'Ermitage.
66-67b Feodor Alexeiev, *Vue de la Bourse de Mer et de l'Amirauté depuis la forteresse Pierre-et-Paul*, huile sur toile, 1810. Galerie Tretiakov, Moscou.
68 Ricard de Montferrand, *Extraction des colonnes; déchargement des colonnes; érection de la première colonne du portique Nord*, dessins.
69 Ricard de Montferrand, *Remontée des colonnes du tambour de la coupole; structure métallique du dôme*, dessins.
70-71 Sadovnikov, *Revue devant Saint-Isaac*, peinture. Musée de l'Ermitage.
72h Anonyme, *Place du Théâtre Bolchoï au moment de l'inondation de 1824*, huile sur toile. Musée Pouchkine, Pouchkine.
72b Ch. B. Mitouare, *Portrait de Karl Ivanovitch Rossi*, huile sur toile, 1820. Musée Russe.
73 La rue Rossi.
74 Feodor Alexeiev, *Vue du château Saint-Michel*, huile sur toile, 1820.
74-75 Colonnade du palais Michel.
75 Carl Begrov, *Le palais Michel*, aquarelle, 1825. Musée Russe.
76h Boris Orlovski, *Ajax portant le corps de Patrocle mort*, Musée Russe.
76b Boris Orlovski, *Faune*, marbre. Musée Russe.
76-77 Ilia Répine, *Les Cosaques Zaporogues écrivant une lettre au sultan de Turquie*, huile sur toile. Musée Russe.
77 Pimenov, *Joueur d'osselets*. Tsarskoïe Selo.
78h *Le théâtre Marinski*, détail d'une lithographie, XIXe siècle.
78g K. Youon, Projet de décor pour l'opéra *Boris Godounov* de Moussorgski. Musée Bakhrouchine, Moscou.
78d Ilia Répine, *Modeste Moussorgski*, huile sur toile, 1881. Galerie Tretiakov, Moscou.
79 Léon Bakst, *Nijinski dans «L'Après-midi d'un faune»*, programme des Ballets Russes en 1912, aquarelle.
80h D. Chostakovitch entouré par A. Khatchatourian et S. Prokofiev.
80b Salle de la Petite Philarmonie.
81h Programme pour l'opéra *Eugène Onéguine* de Tchaïkovski, Théâtre Marinski, 1993.
81b Soldat achetant un billet pour la *7e Symphonie* de Chostakovitch dite «Leningrad», 1942.

CHAPITRE IV

82 Ferdinand Perrot, *Marché au foin*, lithographie, XIXe siècle.
83 Sima Vassilieva, *Le Métro*, 1984, peinture sur bois.
84 M. V. Dobujinskij, *Cour pétersbourgeoise*, dessin, 1920. Musée Russe.
84-85 Illustration pour *Crime et Châtiment.*
85 Cour pétersbourgeoise.
86g *Raskolnikov avec sa hache*, illustration pour *Crime et Châtiment.*
86d *L'usurière*, illustration pour *Crime et Châtiment.*
87 Manuscrit de Dostoïevski pour *Crime et Châtiment.*
87 Vasilij Perov, *Portrait de Feodor Dostoïevski*, huile sur toile, 1872. Galerie Tretiakov, Moscou.
88 Feodor Vassiliev, *Illumination à Saint-Pétersbourg*, huile sur toile. Galerie Tretiakov, Moscou.
88-89 Détail d'un ange de Saint-Isaac.
89 *Raskolnikov dans son grenier*, illustration pour *Crime et Châtiment.*
90 Illustration pour *Nuits Blanches* de Dostoïevski.
90-91 Glazounov, *Dostoïevski dans les rues de Saint-Pétersbourg*, peinture.
92-93 Anonyme, *Vue de la Fontanka*, huile sur toile, XIXe siècle. Musée des Beaux-Arts de la République d'Ouzbekistan, Taschkent.
94-95 Anonyme, *Vue de la Fontanka*, huile sur toile, XIXe siècle. Musée Russe.
96h Armoiries de la porte d'entrée de l'hôtel Youssoupov.
96b A. Roukovsaid, *Salle ronde de l'hôtel Youssoupov*, 1867, aquarelle.
97h Valentin Serov, *Portrait de Felix Youssoupov*, huile sur toile, 1903.
97b Mise en scène de l'assassinat de Raspoutine, palais Youssoupov.
98h Jules Arnout, *Marché aux foins*, gravure, XIXe siècle. Musée d'histoire de la ville de Saint-Pétersbourg.

CHAPITRE V

TÉMOIGNAGES ET DOCUMENTS

INDEX

A

B

C

D

CRÉDITS PHOTOGRAPHIQUES

Avant-Garde, Moscou 20, 36-37, 74, 76, 96. V. Baranovski, Saint-Pétersbourg 127. Bibliothèque nationale, Paris 31, 28-29, 44-45. Dagli Orti, Paris 33, 57. DR 15, 22-23, 26, 28-29, 30-31, 42, 46, 62, 65, 67, 68h, 68m, 68b, 69h, 69b, 70-71, 74, 83, 86, 87, 88, 89, 90, 92, 101, 130 135, 165, 166. Ferrante Ferranti, Paris couverture (1er plat, dos, 2e plat), 1-10, 20, 24-25, 27, 30, 38-39, 39d, 40-41, 43, 48g, 48d, 48-49, 49h, 49b, 50, 51, 58, 66, 75, 76-77, 78, 79, 87, 96, 97, 98-99, 102-103, 116-117, 120g, 120-121, 121d, 126-127, 132-133, 134, 140, 144-145, 146, 148, 157, 160-161. Roger Gain, Paris 118, 119. P. Willem Diepraam/Gallimard 155. P. Léger/Gallimard 17, 18h, 18-19, 19b, 152b. Alain de Gourcuff éditeur, Paris 63. L. Heyfetc 27, 56, 77, 86, 92-93, 94-95, 100. Jürgens 83. Archives Nabokov 115. Novosti Press, Paris 14, 21, 29, 60, 80h, 80b, 82, 85, 91-92, 108, 109, 110, 112-113, 122, 123, 124b, 124-125, 127, 146h, 147b, 152h, 161, 163. Roger-Viollet, Paris 16-17, 62-63, 107, 110, 114, 147h, 149, 153, 154-155, 162, 164, 167. V. Savik 118-119. Scala, Florence 11, 25, 35, 78-79, 88, 90, 97, 106, 110-111, 115. V. Terebenin, Saint-Pétersbourg 12, 13, 16, 23, 26-27, 28-29, 32, 34, 34-35, 35b, 38, 40, 41, 43, 44h, 44-45, 46-47, 50, 51, 52-53, 54-55, 58-59, 59, 60-61, 64, 64-65, 66-67, 80, 82, 84, 98, 100, 104-105, 131, 136, 137, 138, 150-151, 158. Jean Vigne, Paris 14, 15.

REMERCIEMENTS

Les Editions Gallimard remercient vivement Véronique Schiltz pour sa précieuse collaboration, ainsi que Ferrante Ferranti pour sa contribution à l'illustration de cet ouvrage.
L'auteur remercie, pour l'aide qu'ils lui ont apportée à Saint-Pétersbourg : Vera Biron et Igor Kniazeff, Elena Gagarine, Michel Tarran, Jean-Daniel Senesi et Roland Blatmann.

ÉDITION ET FABRICATION

DÉCOUVERTES GALLIMARD
COLLECTION CONÇUE PAR Pierre Marchand. DIRECTION Élisabeth de Farcy.
COORDINATION ÉDITORIALE Anne Lemaire.GRAPHISME Alain Gouessant.
COORDINATION ICONOGRAPHIQUE Isabelle de Latour. SUIVI DE PRODUCTION Fabienne Brifault-Dandé.
SUIVI DE PARTENARIAT Madeleine Gonçalves. PROMOTION & PRESSE Flora Joly et Pierre Gestède.

LA MAGIE BLANCHE DE SAINT-PÉTERSBOURG
EDITION Frédéric Morvan. ICONOGRAPHIE Catherine Boncenne.
MAQUETTE Vincent Lever (Corpus), Dominique Guillaumin (Témoignages et Documents).
LECTURE-CORRECTION François Boisivon. PHOTOGRAVURE Arc-en-Ciel (Corpus).
MONTAGE PAO Ductus et Dominique Guillaumin (Témoignages et Documents).

Table des matières